变电设备维护

主　编　王晓博
副主编　靳志方
主　审　薛小强

重庆大学出版社

图书在版编目(CIP)数据

变电设备维护 / 王晓博主编. -- 重庆 : 重庆大学
出版社,2021.5
ISBN 978-7-5689-2737-6

Ⅰ.①变… Ⅱ.①王… Ⅲ.①地下铁道—变电—电气
设备—维修 Ⅳ.①U231.8

中国版本图书馆 CIP 数据核字(2021)第 140545 号

变电设备维护

主　编　王晓博
副主编　靳志方
主　审　薛小强
策划编辑:周　立

责任编辑:文　鹏　　版式设计:周　立
责任校对:关德强　　责任印制:张　策

*

重庆大学出版社出版发行
出版人:饶帮华
社址:重庆市沙坪坝区大学城西路 21 号
邮编:401331
电话:(023)88617190　88617185(中小学)
传真:(023)88617186　88617166
网址:http://www.cqup.com.cn
邮箱:fxk@cqup.com.cn(营销中心)
全国新华书店经销
重庆俊蒲印务有限公司印刷

*

开本:787mm×1092mm　1/16　印张:8.75　字数:215 千
2021 年 5 月第 1 版　　2021 年 5 月第 1 次印刷
印数:1—3 000
ISBN 978-7-5689-2737-6　定价:42.00 元

编审委员会（排名不分先后）

主 任 刘峻峰

副主任 曹双胜 岳 海 袁 媛
刘 军 卢剑鸿

成 员

丁 杰	王治根
王晓博	元 铭
田威毅	付向炜
刘 凯	刘 炜
刘 煜	毛晓燕
田建德	祁国俊
纪红波	李 乐
李芙蓉	李武斌
杨 珂	张小宏
陈建萍	陈 晓
尚志坚	单华军
赵跟党	禹建伟
侯晶晶	黄小林
梅婧君	梁明晖
廖军生	薛小强

城市轨道交通凭借快捷、准时、舒适、运量等优势，日益成为城市现代化建设进程中重要的公益性基础设施项目。城市轨道交通系统设备先进、结构复杂，高新技术广泛应用，要保障这样一个庞大系统的安全和高效，必须依靠与之相匹配的高素质员工。因此，培养一批责任心强、业务过硬、技艺精湛的能工巧匠，才能确保安全运营生产，提升工作效率，提高非正常情况下的应急处置水平。岗位技能培训是人才培养的重要途径，是提高企业核心竞争力的重要手段，而岗位技能培训的过程和结果需要相应的培训教材作为技术支撑。

近年来，城市轨道牵引供电系统工程采用了较多新技术和新设备，为适应轨道交通对掌握新技术的变电检修专业人才的急切需求、教育改革的发展要求，参照相关国家职业标准的要求，我们组织编写了本书。本书在内容方面力求全面、完整，在注重实操技能培养的基础上，尽可能将理论问题讲解清楚，并在文字表达上言简意赅。

本书主编王晓博，副主编靳志方，参与编写的有：饶棋、付春燕、马永刚、张光耀、姜笑鸾、马江艳、张龙、程刚、罗振、朱雪莲、张静、赵建太、杨浩浩，主审薛小强，参与审核李锋、赵垒、杜琳、王兆力、葛永平、王利刚、李晴、张家瑜。由于时间仓促，编写人员经验不足，本书难免在内容与层次方面有不当之处，敬请批评指正，提出宝贵意见和建议。

编　者
2021 年 1 月

MULU 目录

项目1 城市轨道交通供电系统概述

1.1 供电系统的组成

1.1.1 供电系统的组成形式

城市轨道交通供电系统是城市轨道交通的能源补给线,它的安全可靠性应被放在第一位。它对城市轨道交通的影响是全面的,一旦供电系统出现问题,将会导致城市轨道交通的混乱和瘫痪。因此,建立一个安全可靠的城市轨道交通供电系统是非常重要的。

1)电源组成

城市轨道交通供电系统的电能来源于国家电网,而国家电网的电能来源于各种发电厂。

2)外部电源系统——城市电网

电力网简称电网,由输电线路、配电线路和变电所组成。输电线路是向用户传输电能的通道,一般来说其电压较高(即采用高压传输)、线路较长、覆盖区域广。配电线路是向用户分配电能的通道,其电压相对较低,也就是通常说的低压配电线路,其特点是线路较短。由此可见,不同的电网,其电压等级也不一样。

城市轨道交通供电系统从城市电网引入高压或中压电源,再将引入的外部电源进行电压转换或直接分配至轨道交通的牵引变电所或降压变电所,由牵引变电所和降压变电所分别为轨道交通运行主体的车辆和辅助用电设备(动力、照明负荷)供电。

1.1.2 供电系统的分类

轨道交通从外部电源引入的形式,一般分为集中式、分散式和混合式三种模式。国内大部分采用集中式供电,一些城市采用分散式供电,部分线路采用混合式供电。

城市电网主要由 500 kV、220 kV、110 kV、10 kV 供电网络构成,一般从 220 kV、110 kV、10 kV 系统接口引入。

1)集中式供电

集中式供电指轨道交通从城市电网引入较高电压等级的电源(如 110 kV、220 kV),经主变电站进行电压转换,将外部电源降压(如 35 kV 或 10 kV)后,由主变电站集中向牵引变电所和降压变电所供电。该模式引入电源电压等级高,电源点供电能力较强,引入电源点较少,有利于管理。

2)分散式供电

分散式供电是相对于集中式供电而言的,指轨道交通不设主变电站,由沿线城市变电站直接向牵引变电所和降压变电所提供中压(30 kV 或 10 kV)电源。该模式是根据城市轨道交通供电的需要,在地铁沿线直接由城市电网引入多路电源,构成供电系统。这种供电方式一般从 10 kV 电压等级处获得电能。分散式供电要保证每座牵引变电所和降压变电所均获得双路电源,这就要求城市轨道交通沿线有足够的电源引入点及备用容量。分散式供电要求城市电网资源充足,安全运营水平高,供电可靠。

当然,两种方式各有优缺点,轨道交通的外部电源方案应根据城市电网的具体构成情况,采用合适的供电方式。如北京采用分散式供电,上海、广州、南京、西安、武汉、苏州、深圳等地则采用集中式供电。

3)混合式供电

混合式供电将前两种供电方式结合起来,一般以集中式供电为主,个别地段引入城市电网电源作为集中式供电的补充,使供电系统更加完善和可靠。北京地铁 1 号线和 2 号线、武汉轨道交通工程、青岛地铁南北线工程等采用混合式供电方案。这种模式充分发挥了前两种方式的优点,体现了城市一体化的特点。

1.2　变电中压系统的组成

1.2.1　内部电源系统

城市轨道交通供电系统分为外部电源系统和内部电源系统。内部电源系统是城市轨道交通供电系统的主体,主要由三部分组成:中压环网供电系统、牵引供电系统和低压变配电系统。

1.2.2　中压交流环网系统

1)中压环网供电系统

城市轨道交通电力能量直接取自城市或区域电网。该系统从上一级电源进线开始到各变电所进线之前的所有电气设备及线路,其核心是主变电站,此外就是负责向牵引系统和低压变配电系统供电的输电线路。

中压环网是连接城市或区域电网到供配电系统的系统。该系统主要包括所有的主变电站和30 kV 系统线路环网。通过中压电缆,纵向把上级主变电站和下级牵引变电所、降压变电所连接起来,横向把全线的各个牵引变电所、降压变电所连接起来,便形成了中压环网供电系统。中压环网供电系统不是供电系统中独立的子系统,但是它却是供电系统的

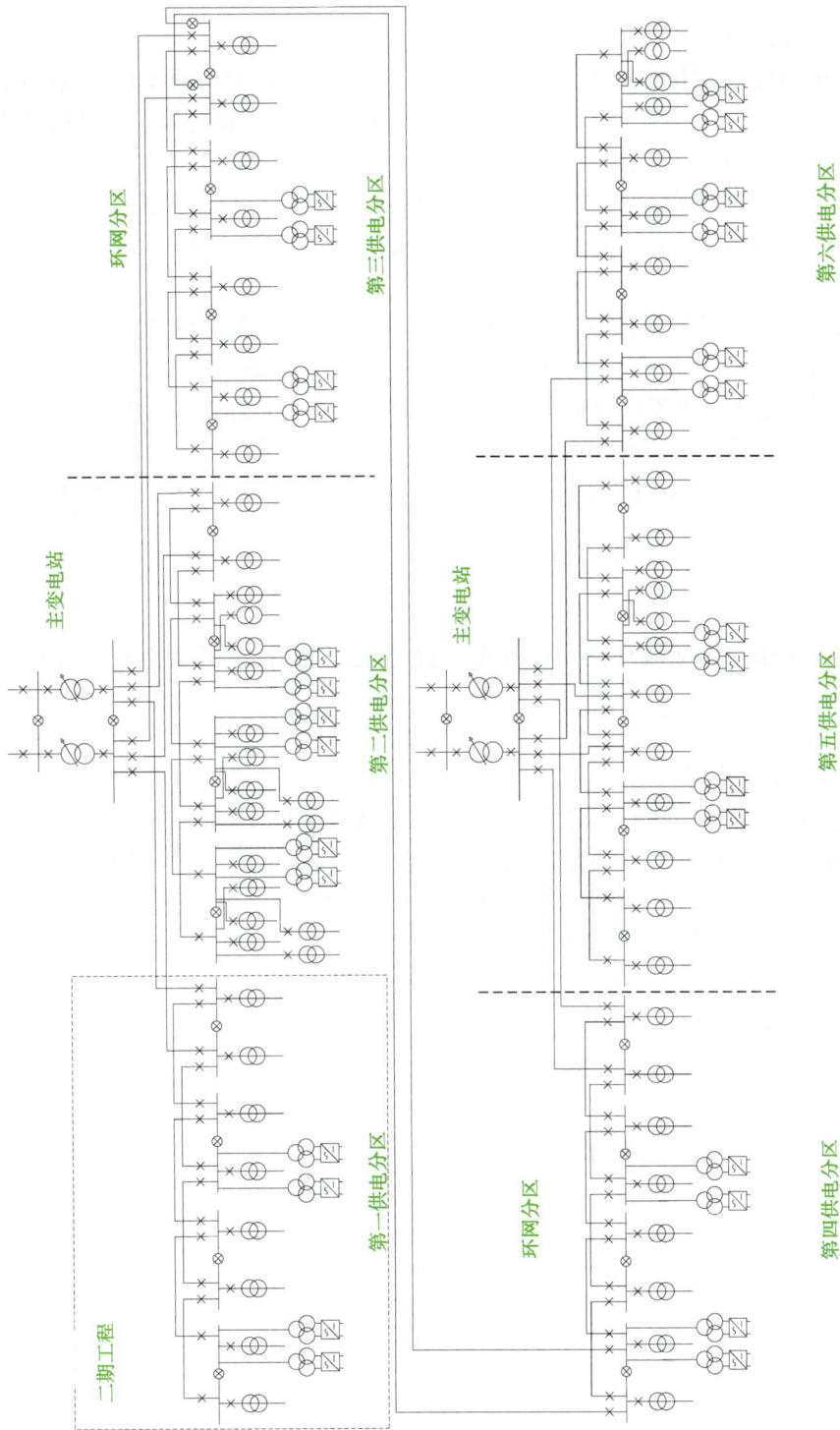

图1.1 某地铁环网电缆示意图

核心部分。它涉及外部电源方案,主变电站的位置及数量,牵引变电所及降压变电所的位置与数量,牵引变电所与降压变电所的主接线形式等。

2)牵引供电系统

牵引供电系统是城市轨道交通供电系统的核心,负责向轨道交通车辆提供电能,其主要作用是降压、整流和传输电能。该系统主要包括牵引变电所、馈电线、接触网(或者接触轨)等。牵引变电所是牵引供电系统的心脏,它的主要作用是生产出满足要求的电能;馈电线则负责把合格的电能输送到轨道沿线的接触网(接触轨)上;而接触网(接触轨)则负责把电能不间断地输送到运行的车辆设备上(主要指受电弓、集电靴等)。

3)低压变配电系统

低压变配电系统负责向信号、照明、通风、排水、制冷设备馈送电能,其主要作用是降压、分配和传输电能。该系统主要包括降压变电所、多路馈线等。

城市轨道交通供电属于一级供电负荷,一旦中断,将打乱运输计划和机车车辆运行,影响城市轨道交通的环控系统、照明系统等的运行,会造成很大的社会影响。因此,建设安全、灵活、经济、可靠的城市轨道交通供电系统,对城市轨道交通有着极为重要的意义。

1.2.3 变电所分类及运行方式

城市轨道交通中压交流环网系统变电所分为主变电站、牵引混合变电所和降压变电所。

1)主变电站

(1)主变电站的作用

主变电站的作用是将城市电网的高压(110 kV 或 220 kV)电能降压后以相应的电压(30 kV 或 10 kV)分别供给牵引变电所和降压变电所。为保证供电的可靠性,一般设置两座或两座以上主变电站,主变电站由两路独立的电源进线供电,内部设置两台相同的主变压器。根据牵引负荷容量和动力负荷容量的大小不同,主变压器可采用三相三绕组的有载调压变压器,也可用双绕组的变压器。采用两台相同的主变压器可以使 30 kV 电压和 10 kV 电压来自不同变压器。采用有载调压变压器,能够在电源进线电压波动时,维持二次电压在正常值范围内。

(2)主变压器容量选择

容量选择原则如下:一是在正常运行方式时,满足该主变电站供电区域牵引负荷和动力照明一、二、三级负荷的要求;二是满足远期高峰小时负荷需求;三是满足经济运行要求。因此要综合考虑,进行经济和技术比较,从而选择合适的容量。

(3)接线方式

每座主变电站一般采用两种接线形式。采用线路-变压器组接线形式时,当某一回电缆故障或者一台主变压器故障时,30 kV 母线分段开关自动投入,由另一台主变压器供全部一、二级负荷用电需要。内桥形接线方式比线路-变压器组接线方式多一内桥断路器。当一回 110 kV 电源电缆出现故障时,可以通过调度作业,实现一路电源两台主变压器运行,保持正常供电,但需要增加进线电缆容量。

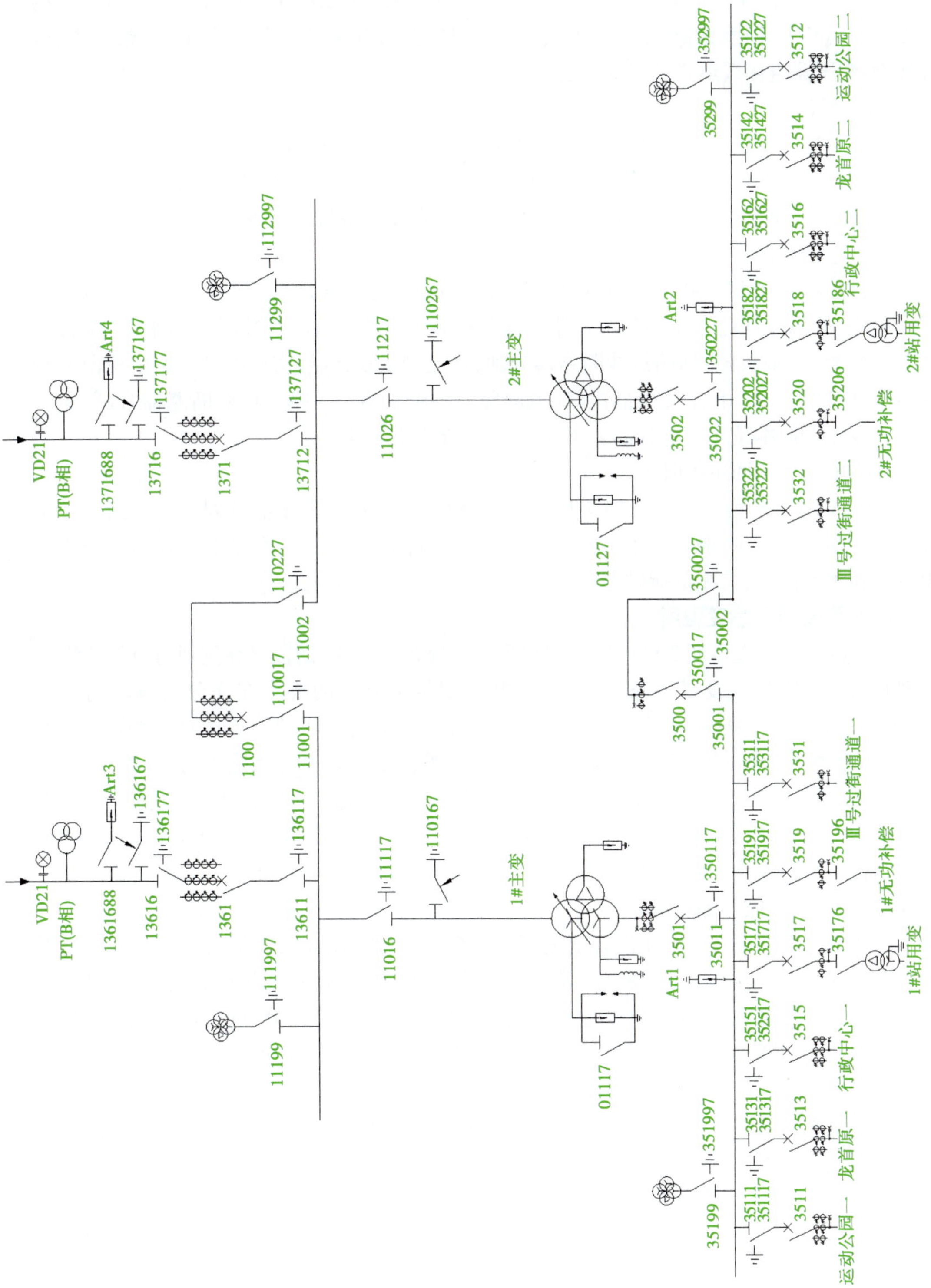

图1.2 某主变变电站主接线示意图

线路-变压器组接线形式比内桥形接线方式结构简单,投资和运营维护工作量小,但其可靠性稍低,但是随着城市电网的发展,110 kV 电源供电可靠性已很高,同时轨道交通的主变电也可相互备用,线路-变压器组接线形式已完全可以满足轨道交通的可靠性要求,因此线路-变压器组接线形式被普遍接受。

(4)运行方式

地铁每座主变电站分别从城市电网引入两路相互独立的 110 kV 电源进线,站内有两台主变压器。正常运行时,两台主变压器分列运行,共同负担所供电分区和全站的负荷,30 kV 母联断路器断开,110 kV 电源及 30 kV 侧分别设置备自投装置。

①当电源为两回主供时。

正常运行:110 kV、30 kV 母联断路器断开,两台主变压器分列运行。

检修、故障运行:当一回 110 kV 进线电源检修(或故障)时,通过倒闸操作(或备自投装置),将检修(或故障)回路进线断路器分闸,合上母联断路器,实现由另一回电源向两台主变压器供电。当一台主变压器检修(或故障)退出运行时,30 kV 母联断路器合闸,由另一台主变压器向本站所供电分区和本站的一、二级负荷供电。

②当电源为一回主供时。

110 kV 母联断路器合闸,30 kV 母联断路器断开,两台主变压器分列运行。当一台主变压器检修(故障)时,备自投装置合上 30 kV 母联断路器,由另一台主变压器向本站所供电分区和本站的一、二级负荷供电。

2)牵引降压混合变电所

牵引降压混合变电所 30 kV 侧采用单母线分段接线方式,两段母线间通过母线联络断路器互联。每段母线设置一路进线电源,并根据供电系统的要求在部分变电所的每段 30 kV 母线设一路出线,向相邻车站变电所供电;每座牵引降压混合变电所(含牵引变电所)设两台整流机组,均接于同一段母线上。每台整流变压器通过断路器与 30 kV 母线连接;直流 1 500 V 母线为单母线接线;每座牵引降压混合变电所(含牵引变电所)一般馈出 4 回直流 1 500 V 电源,分别接至上下行接触网上,与相邻牵引变电所构成双边供电;牵引降压混合变电所两台 35/0.4 kV 动力变压器分别接在两段 30 kV 母线上,分别负责本变电所内相应的动力、照明等负荷。

全线只考虑一个牵引降压混合变电所(含牵引变电所)出现故障的情况。当一个牵引变电所出现故障时,相邻牵引变电所采用越区供电方式承担故障变电所供电范围的供电。整流机组设计容量在远期高峰小时可过负荷 50% 运行,整流机组负荷等级应符合 IEC-146,Ⅵ级,即:100% In,连续运行;150% In,2 h;300% In,1 min 连续运行。

3)降压变电所

降压变电所 35 kV 侧采用单母线分段接线方式,两段母线间通过母线联络断路器互联。每段母线设置一路进线电源,并根据供电系统的要求在部分变电所的每段 35 kV 母线设一路出线,向相邻车站变电所供电。

各车站均设置降压变电所。规模较大的车站,可在车站一端设置一个降压变电所,另一端设置一个跟随式降压变电所,分别为半个车站及半个区间供电。如果车站规模较小,可在车站重负荷端或负荷中心处设一个降压变电所。

进线1

101A

103

1011AE 1011A 1031E 1031 1032E 1032

1041AE 1041A 1041BE 1041B

104A

ST1 ST2

801 802

803

901 902

进线2

101B

1011BE 1011B

1071BE 1071B 1061BE 1061B

104B 107B 106B

RT2 RT1

R2 R1

2021 202 2011 201

211 213 212 214 VD

2111 2131 2121 2141

2113 2124

左线接触网
左线钢轨
右线接触网
右线钢轨

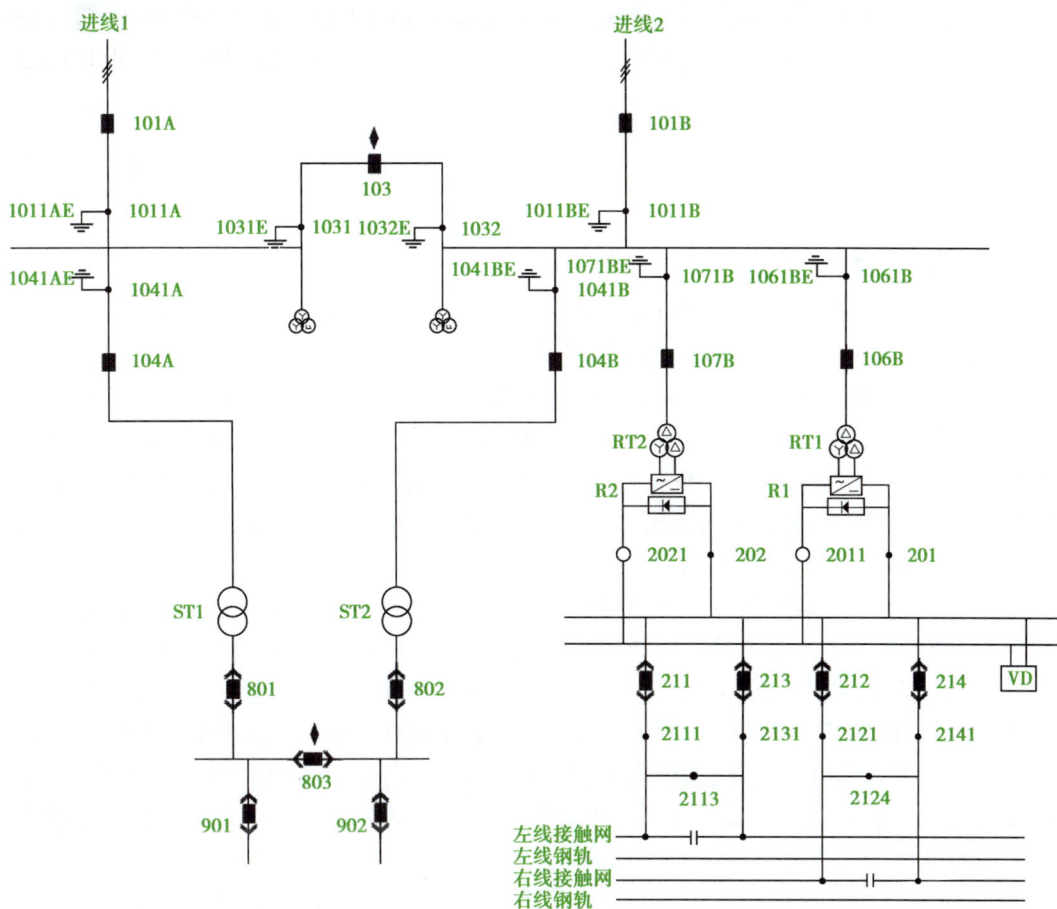

图 1.3 某牵引降压混合所主接线示意图

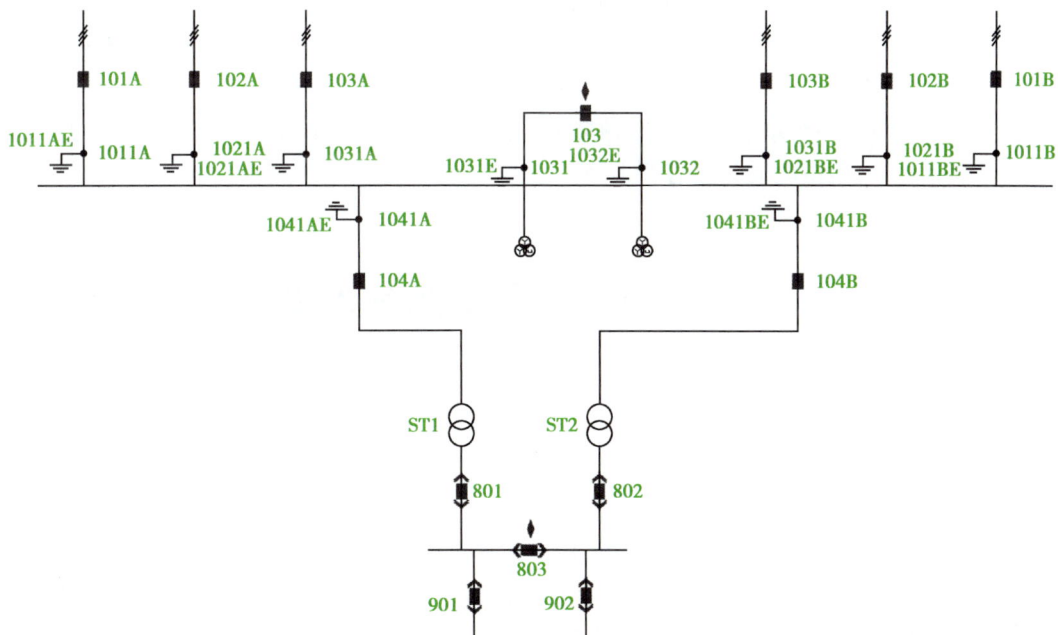

101A 102A 103A 103 103B 102B 101B

1011AE 1011A 1021AE 1031A 1031E 1031 1032E 1032 1031B 1021B 1011B
1021A 1021BE 1011BE

1041AE 1041A 1041BE 1041B

104A 104B

ST1 ST2

801 802

803

901 902

图 1.4 某降压所主接线示意图

跟随式降压变电所内不设 30 kV 开关柜,电源由本站降压变电所中两段 30 kV 母线分别引入,所内仅设 35/0.4 kV 动力变压器及 0.4 kV 开关柜,区间式跟随所降压变电所内设负荷开关柜。

1.2.4 直流牵引供电系统

1)牵引供电系统的组成与要求

牵引供电系统包括从上一级电源进线开始到接触线之间的所有电气设备及线路,其核心是牵引变电所,包括进线回路和馈出线回路。

城市轨道交通牵引供电系统牵引变电所采用 24 脉波整流变压器,要求两台 12 脉波整流机组一次侧输入电源具有严格的一致性,如将两套整流机组分接不同的母线,电源的一致性得不到保证,电源相位差和电压差使整流机组低压输出端电压相位角相差 15° 的要求得不到保证,并且使两套整流机组出力不均,严重时甚至使一套整流机组受损。

2)牵引供电系统的运行方式

牵引变电所向接触网供电方式有两种,即单边供电和双边供电。城市轨道交通接触网在每个牵引变电所由电分段进行电气隔离,分成两个供电分区,每个供电分区也称为一个供电臂,若列车只从所在供电臂上的一个牵引变电所获得电能,这种方式称为单边供电,如车辆段、停车场内等的供电方式。若一个供电臂同时从相邻的两个牵引变电所获得电能,则称为双边供电,如正线的供电方式。若正线一牵引变电所因故障退出运行时,合上越区隔离开关,通过越区隔离开关由故障所相邻的两个牵引变电所为两个供电臂越区供电,则称为大双边供电。

牵引供电系统正常运行方式下,正线接触网由相邻牵引变电所双边供电,车辆段牵引变电所向车辆段接触网供电,停车场牵引变电所向停车场接触网供电。

一般情况下,正线任一牵引变电所解列,由正线左右相邻牵引变电所"大双边"供电。

由于规划的原因以及建设次序的问题,一些牵引变电所会出现单边供电,对于任意牵引变电所解列,都可以得到邻近的牵引变电所的支持,实现不间断供电。

当牵引变电所一台整流机组出现故障时,另一台整流机组在初、近期负荷允许的情况下可以继续运行,但供电质量会有所下降。

1.3 电力监控系统组成形式

电力监控系统是以计算机为基础的生产过程控制与调度自动化系统,对变电所现场运行的供电设备进行监视和控制,以实现数据采集、设备控制、测量、参数调节及各类信号报警等功能,使控制中心实时掌握各个变电所设备的运行情况,并直接对供电设备进行操作。电力监控系统直接关系到行车安全,是地铁系统中重要的控制系统。

电力监控系统一般采用集中管理、分散布置的模式,分层、分布式系统结构。系统设备由控制信号盘(包括总控单元、液晶显示器)、分散式或集中组屏式测控/保护单元等智能装置、智能接口单元、所内通信网络和维护设备等部分组成。

电力监控系统以供电设备为对象,通过站级管理层、网络通信层、间隔设备层,将所内的高低压交流保护测控单元、直流保护测控单元、交直流电源系统监控单元等间隔层设备连接起来。

站级管理层设备包括站级电力监控设备以及设置在电力监控系统内的主监控单元、通用测控装置、液晶显示器、安装于电力监控系统面板上的操作把手、按钮及指示灯及用于维护、维修的维护计算机等设备。有人值班变电所还包括用于所内集中监控的后台监控计算机、打印机等设备。

间隔层设备包括分散安装于供电一次设备中的各种微机保护测控装置、集中组屏安装的交直流保护测控装置、各类信息采集测控装置以及采用硬接点接入信号的现场设备;高低压交流保护及测控装置、直流保护测控装置、变压器温控器装置、轨电位限制装置、整流器监控单元、交直流屏、电度表、上网隔离开关等。

网络通信层即为所内通信网络、远程通信网络和接口设备。间隔层设备通过所内通信网络层及相应的接口设备与站级管理层进行数据交换;站级管理层设备通过远程通信网络和接口设备与综合监控的电力调度系统进行通信。

复习题

1.断路器的开断性能指的是什么?
2.变电所交直流系统中,简要说明其直流电主要是为哪些部分提供电源。
3.绘制、识读电气控制线路原理图的原则是什么?

项目2　变电专业理论知识及实操技能

2.1　初级工理论知识及实操技能

2.1.1　专业知识

1)变电所的主要设备

变电所的主要设备有变压器、126 kV GIS 、30 kV GIS、1 500 V 直流开关柜、整流器、干式变压器、低压开关柜、交直流系统。

2)设备原理简介

(1)设备概述

柜式气体绝缘金属封闭开关设备,国际上简称 C-GIS 或 GIS,是一种用于 10~30 kV 或更高电压输配电系统,以接受或分配电能并能在电力系统正常运行和故障情况下实行控制、保护、测量、监视、通信等功能的新型开关设备。西安地铁二号线采用的是现代重工(中国)电气有限公司生产的 126 kV GIS 整体结构(见图 2.1)。

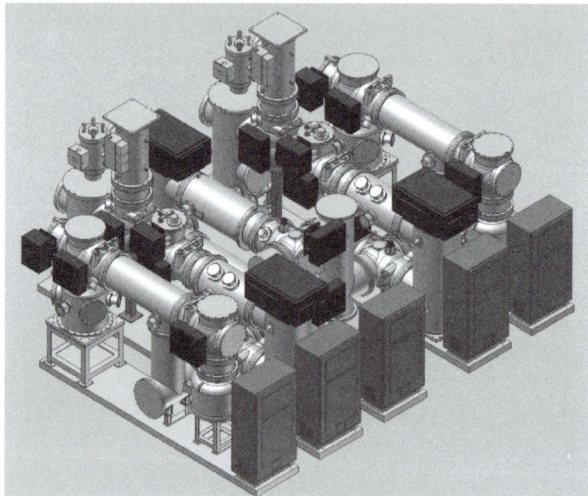

图 2.1　126 kV GIS 整体结构

（2）技术要求及性能（见表 2.1）

表 2.1　126 kV GIS 技术参数

系统参数		系统额定电压	110 kV
		系统最高电压	126 kV
		接地方式	中性点经隔离开关接地
额定参数		额定电压	126 kV
		出线、电压互感器回路额定电流	1 250 A
		主变、分段回路额定电流	1 251 A
		主母线额定电流	2 000 A
		额定频率	50 Hz
		相数	3 相
		额定开断电流	31.5 kA
		首相开断系数	1.5
		额定关合电流（峰值）	80 kA
		额定峰值耐受电流（峰值）	81 kA
		额定短时耐受电流	31.5 kA,3 s
绝缘水平	雷电冲击耐受电压（峰值，1.2/50 μs）	相对地	550 kV
		断口间	630 kV
	1 min 工频耐受电压	相对地间	230 kV
		断口	260 kV
		二次回路绝缘工频耐压（1 min）	2 kV
在 $1.1 \times 126/\sqrt{3}$ kV 下的局部放电量		对电磁式 CT	≤5PC
		对电磁式 PT	≤10PC
		对其他单个元件	≤3PC
		对每个间隔	≤5PC
		对套管	≤5PC
		对避雷器	≤10PC

（3）GIS 结构及其支架的要求

GIS 主要组成元件有：断路器，EDS/FES，三工位开关，电流互感器，电压互感器，三相共箱母线，避雷器，电缆终端等，分别如图 2.2 至图 2.9 所示。

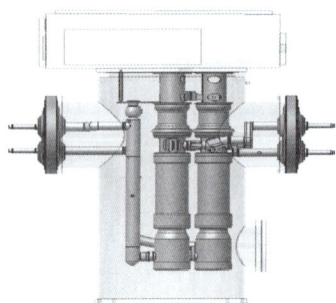

图 2.2　断路器

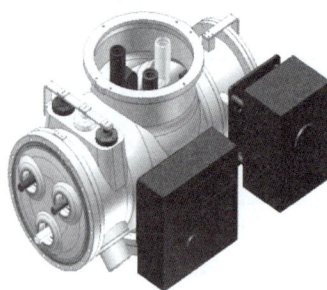

图 2.3　EDS/FES

DS　合闸

ES　分闸

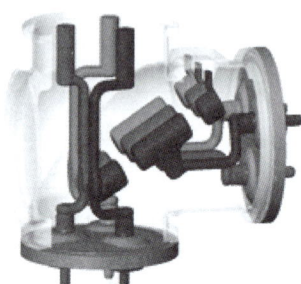

DS　分闸

ES　分闸

DS　分闸

ES　合闸

图 2.4　三工位开关位置示意图

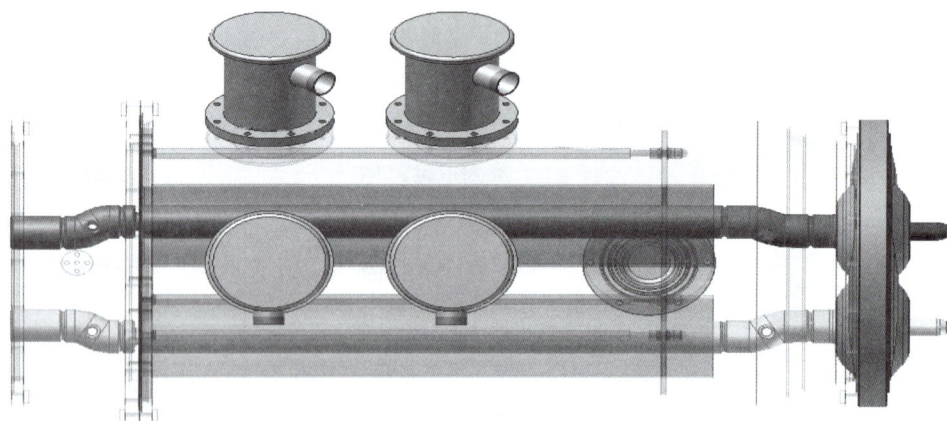

图 2.5　电流互感器

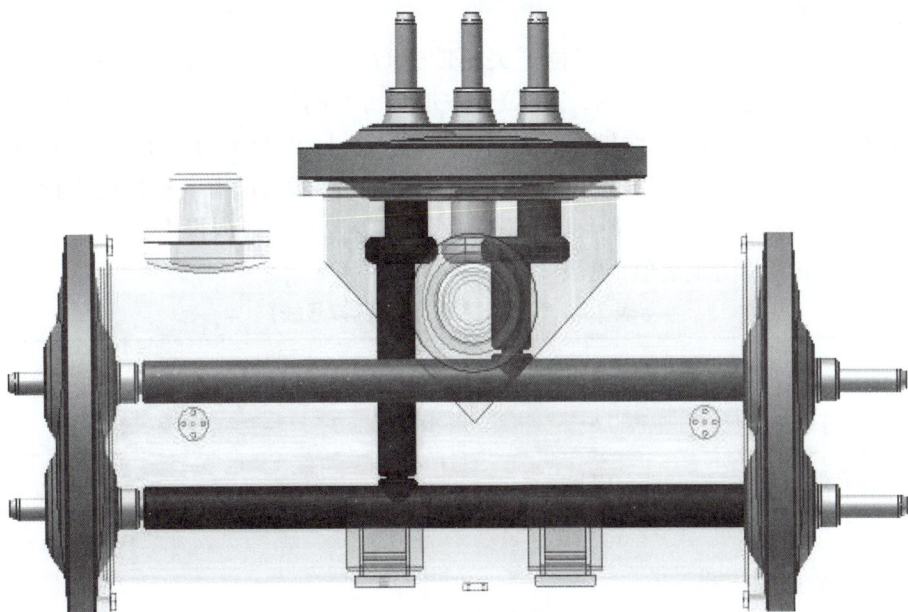

图 2.6　三相共箱母线

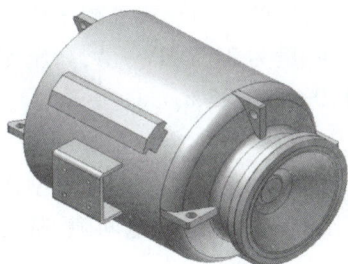

图 2.7　电压互感器

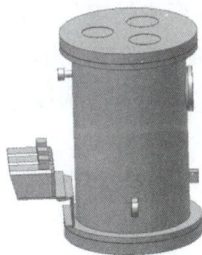

图 2.8　避雷器

图 2.9　电缆终端

GIS 采用 SF_6 气体绝缘、金属封闭,能保证设备安全运行,便于检查和维护。设备用足够多柔软的波纹管作为补偿部件,能补偿由外壳和导体由于温度变化引起的膨胀和收缩及操作引起的震动、基础不均匀引起的尺寸变化等。

各气室之间由绝缘隔板分隔。绝缘隔板能经受额定短路电流产生的热效应、机械效应和弧光电流的电弧效应。所有的设备都配有能进行接触电阻和绝缘试验的设施,而无须从系统中把 SF_6 气体抽真空。

(4)设备安全与防护

GIS 接地线为铜材,其壳体和接地开关直接连接到接地网,外壳上的连续感应电压小于 36 V。

为了有效管理 GIS 内部 SF_6 气体,通过盆式绝缘子将 GIS 有效划分为若干单独气室,每组断路器、隔离开关、SF_6/air 套管等是一套独立的气体单元。一个分隔内的任何闪络或泄露不影响紧邻的分隔室。每个单独气室配有气体密度继电器、吸附剂、气体截止阀等装置,当气体压力下降时,进行声光报警。

（5）五防联锁

断路器处在合闸位置时,三工位开关不能进行分、合闸。只有当断路器在分闸位置时,三工位开关才能进行合、分闸;三工位开关带有可靠的辅助触点,开关位置未完全到位时,辅助触点将不能合上,后续断路器操作不能进行。隔离开关与接地开关不能同时分、合闸,所有带电部位均装在金属壳体中。其共用一套分合装置,由电动机构进行操作实现五防联锁,隔离开关与断路器及接地开关具有联锁功能,可防止误操作。

（6）气压报警及闭锁定值（见表 2.2）

表 2.2　气压报警及闭锁值（二号线）

	气体额定工作压力/MPa	气体报警压力/MPa	气体闭锁压力/MPa
断路器	0.6	0.55	0.5
其他元件	0.4	0.37	0.35

3）110 kV 主变压器

（1）设备概述

变压器是根据电磁感应原理,用于输送电能、改变电压但不改变频率的一种静止电器。西安地铁二号线采用西安西变中特电气有限责任公司生产的油浸式三相三绕组全密封有载调压降压变压器,此变压器冷却方式为循环自冷,容量为 31.5 MV·A,高压侧额定电压为 110 kV,低压侧额定电压为 30 kV,调压范围为 110±8 * 1.25%。

（2）设备结构

如图 2.11 所示,110kV 主变压器连接组别为 YNyn0（d11）,一、二次绕组为星型连接方式,三次绕组为三角形连接方式,用于消除谐波;主变高压侧中性点经放电间隙、避雷器和隔离开关接地,低压侧经小电阻和避雷器接地。

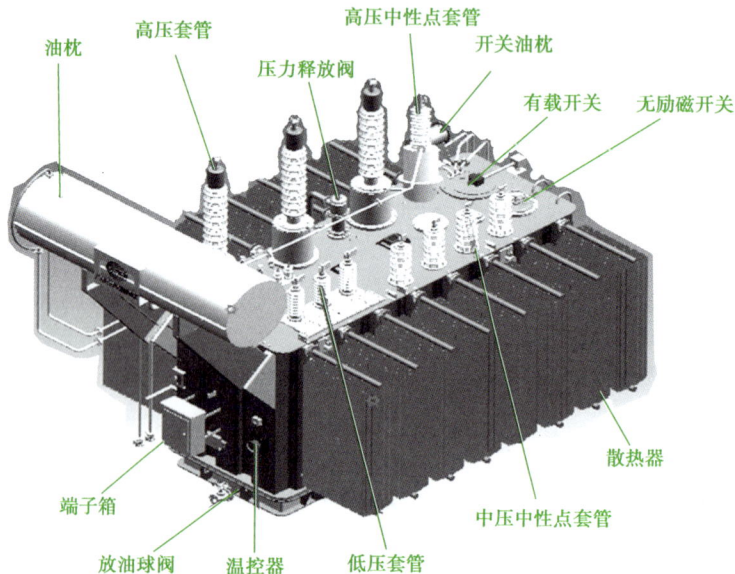

图 2.10　110 kV 主变压器结构

（3）变压器主要部件

①铁芯。变压器的磁路通过铁芯连通，它有两个作用：一是把一次电路的电能转为磁能，通过自身将磁能转换为二次电路的电能，因此它是能量转换的媒介；二是铁芯外面套有绕组，支持着引线，起支撑作用。

②绕组。变压器电气回路通过绕组连通，通常是按原理或按规定的连接方法连接起来。绕组的主要作用是：将电能通过一次绕组引入变压器，而后通过二次绕组将电能传输出去，因此绕组是传输和转换电能的部件。

③油箱。油箱可分为箱盖式和钟罩式油箱，西安地铁二号线采用箱盖式油箱。

（4）变压器附件

①套管。套管具有将引线对地绝缘的作用，而且担负着固定引线的作用，同时套管又是载流组件之一。

②分接开关。变压器分接开关可以分为两种，一是无励磁分接开关，二是有载分接开关。西安地铁主变电站的主变压器采用有载分接开关，即有载调压开关；动力变、整流变、站用变等干式变压器采用无励磁分接开关。分接开关的作用是稳定电网电压，使输出电压达到用户需求。

③储油柜。西安地铁主变电站的主变压器采用膨胀器式储油柜，它的作用是为变压器油因温度变化而造成体积的变化提供一定的空间。另外，密封的储油柜还保证了油不与空气接触，起到了防止油老化的作用。

④吸湿器。其作用是吸收储油柜中的水分。

⑤净油器。其作用是吸收变压器油内的水分及杂质。

⑥冷却装置。它是将变压器在运行中由损耗所产生的热量散发出去，以保证变压器安全运行。

⑦压力释放阀。它是一种安全保护阀门，作用是防止变压器内部发生故障而使油箱发生爆裂。

⑧气体继电器。当变压器发生故障时，气体继电器会在变压器内部故障产生的气体或油流的作用下接通信号或跳闸回路，它是变压器的主要安全保护装置。

⑨110 kV 主变压器除上述部件和附件外还有色谱在线监测装置。

（5）主变绕组接线方式和中性点接地系统简介

如图 2.11 所示，110 kV 主变压器连接组别为 YNyn0（d11），一、二次绕组为星形连接方式，三次绕组为三角形连接方式，用于消除谐波；主变高压侧中性点经放电间隙、避雷器和隔离开关接地，低压侧经小电阻和避雷器接地。

（6）主变压器的特点

主变压器具有损耗低、噪声低、局放低、抗短路能力强、阻抗高和全封闭等特点，具体可归纳为以下内容：

①抗短路能力。变压器在短路情况下只能承受很短的时间（几秒），其线圈损坏的两个主要原因是短路时辐向力和轴向力的作用。

②低噪声。变压器产生的噪声主要由铁芯片的磁滞伸缩引起。噪声是经过机械连接铁芯-油箱/箱盖和油-油箱侧壁从里面传向外面。降低噪声包括两个方面，一是降低声源噪声，二是阻隔噪声传输。

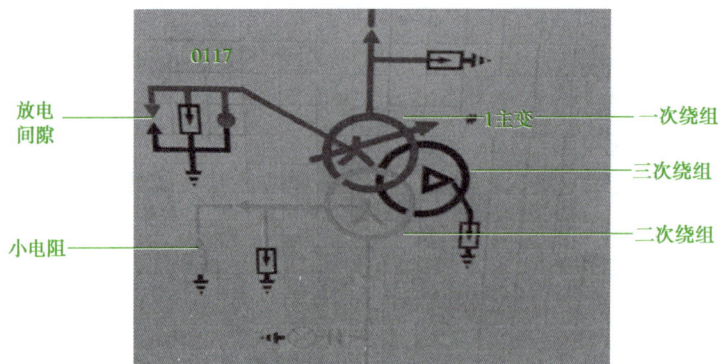

图 2.11　110 kV 主变压器绕组接线方式和中性点

③机械强度。器身采用六面定位法,能满足规定的运输加速度,上下夹件及侧梁形成紧固的框架结构,当油箱做抽全真空试验时,可保证邮箱不变形。

④防止渗漏油。正确地使用密封材料可防止渗漏油,密封垫的正确压紧是关键因素:密封胶垫是不能过度压紧的,"金属-限位"型沟槽密封结构被证明是很实用的方法。

⑤安装方便。变压器运到现场后可不进行器身检查,储油柜是可以承受全真空的,并采用胶囊式结构。油箱顶部为平顶,现场安装方便。

(7)设备参数

系统额定电压:110 kV;

系统最高电压:126 kV;

电源额定频率:50 Hz;

系统中性点接地方式:直接接地;

海拔高度:≤1 000 m;

周围空气最低温度:-25 ℃;

周围空气最高温度:42 ℃;

日照(风速 0.5 m/s):0.1 W/cm^2;

最大日温差:25 K;

相对湿度:日平均值不大于 95%,月平均值不大于 90%(25 ℃);

抗地震能力:7 级;

水平加速度:0.05 g;

安全系数:1.67;

爬电比距:2.5 cm/kV;

污秽等级:Ⅱ级;

最大风速:15 m/s;

安装条件:地下户内安装。

4)30 kV GIS 设备

(1)设备概述

30 kV GIS 开关柜由若干标准化单元组成,采用户内型、SF$_6$ 气体绝缘、铠装式金属封闭结构,包括柜体、高压室、低压室、电缆室、柜间连接、操作机构等模块单元。模块单元中设有主母线、断路器、三工位开关、电压(流)互感器、避雷器、微机保护测控单元、电缆插头等主要元器件,开关柜还包括断路器/三工位开关操作手柄、钥匙、主母线连接装置、插头堵头、边盘、地脚螺栓等设备安装、试验、运行所必需的附件。

（2）开关柜结构

①开关柜总体结构如图 2.12 所示。

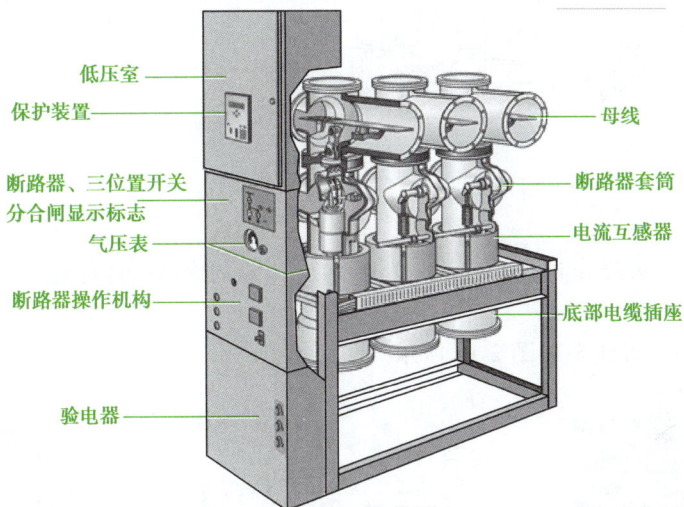

图 2.12　开关柜总体结构

②主母线结构如图 2.13 所示。

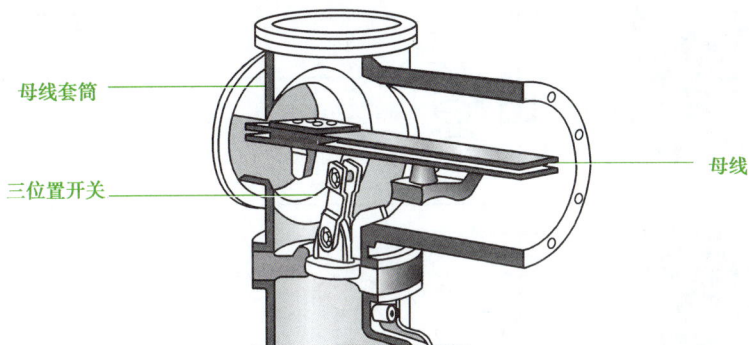

图 2.13　主母线室

③三位置开关结构和操作过程。

三位置开关分合只能就地手动操作,无法实现远方遥控,其结构如图 2.14 所示。

三位置开关操作步骤如下:

a.插入三位置开关操作钥匙,向上旋转90°则接地开关操作孔打开,向下旋转90°则隔离开关操作孔打开。

b.插入接地开关操作杆,向左旋转180°则拉开接地开关,向右旋转180°则合上接地开关。

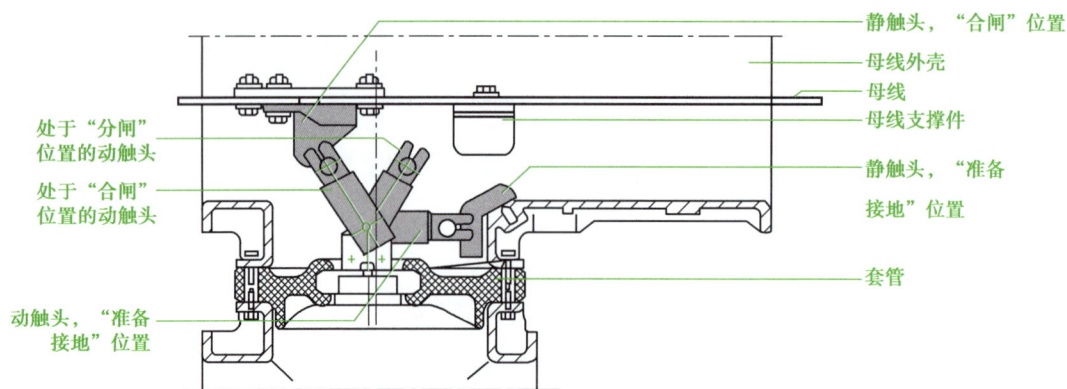

静触头，"合闸"位置

母线外壳

母线

母线支撑件

处于"分闸"
位置的动触头

静触头，"准备
接地"位置

处于"合闸"
位置的动触头

套管

动触头，"准备
接地"位置

图 2.14　三位置开关结构

c.插入隔离开关操作杆,向左旋转 180°则拉开隔离开关,向右旋转 180°则合上隔离开关。

三位置开关位置状态如图 2.15 所示。

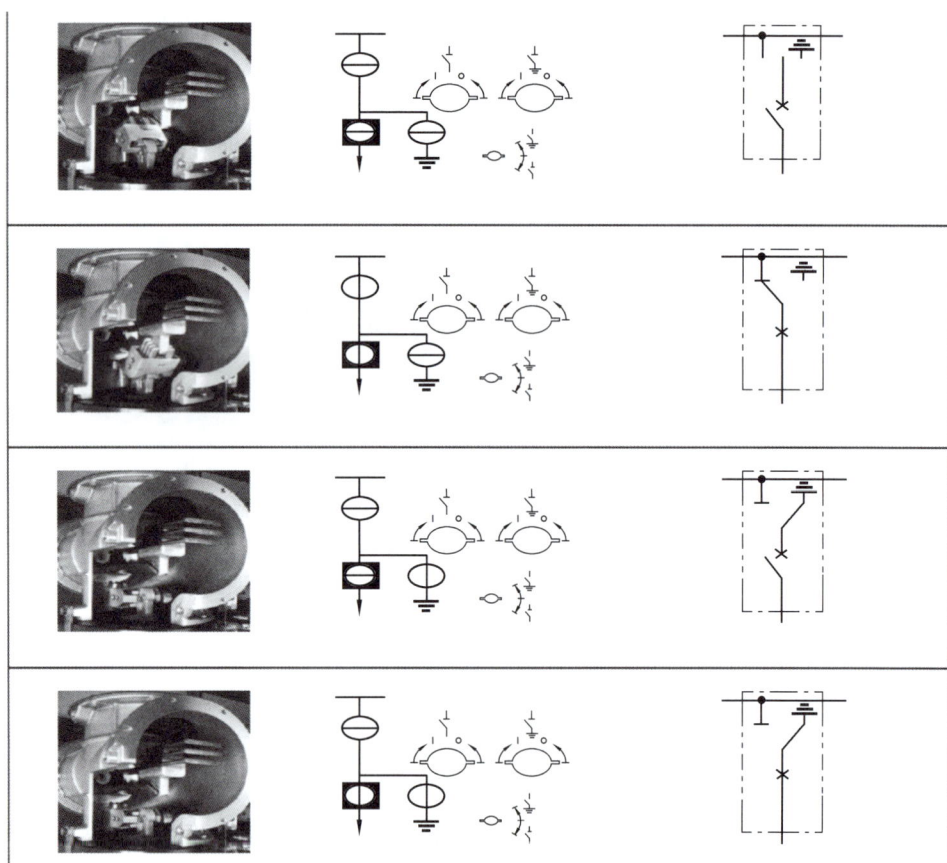

图 2.15　三位置开关位置状态

（3）设备参数

额定电压:40.5 kV。

最高工作电压：40.5 kV。

额定电流：1 250 A/2 000 A。

额定频率：50 Hz。

额定短时耐受电流（3 s）：25 kA。

额定峰值耐受电流（峰值）：63 A。

额定短路开断电流：25 kA。

额定短路持续时间：3 s。

额定短路关合电流（峰值）：63 kA。

气室绝缘形式：SF_6 分相绝缘。

辅助回路及二次回路额定电压：DC 110 V。

防护等级：

高压部分箱体：IP65；

机械操作及低压箱体：IP3XD(IP4X)。

额定绝缘：

工频耐值(50 Hz 1 min)：

①对地、相间及普通断口：85 kV。

②隔离断口间：110 kV。

冲击耐压值(峰值)：

①对地、相间及普通断口：185 kV。

②隔离断口间：215 kV。

（4）各个气室的技术参数（见表2.3）

表2.3　各气室技术参数

气室	额定压力/kPa	最小压力/kPa	最大压力/kPa	释放压力/kPa	额定密度/($g \cdot L^{-1}$)	最小运行密度/($g \cdot L^{-1}$)
母线	70	50	120	>300	10.3	7.4
断路器	100	80	150	>300	11.5	9.2

5）干式变压器

（1）设备概述

西安地铁动力变压器和整流变压器采用环氧树脂浇注式无载调压三相变压器。

西安地铁二号线整流变压器有三种功率等级，分别是 2 200、3 300、4 000 kV·A；动力变压器容量有 250、400、630、800、1 000、1 250、1 600 kV·A 共7种。

（2）干式变压器基本结构

干式变压器基本结构包括线圈、铁芯、附件等，如图2.16所示，图中的干式变压器为动力变压器，整流变压器下部未安装风机。

①铁芯结构。

铁芯的夹紧结构使铁芯的磁导体成为紧固的整体。它承受了夹紧力、起吊变压器的重力和变压器短路时产生的机械应力。

低压出线铜排　　吊环　　　接地片　　上铁轭

夹件

铁芯

低压线圈

高压线圈

冷却气道

风机

垫块

高压端子

高压连接杆

高压分接头

高压连接片

底座

接地螺丝

双向轮

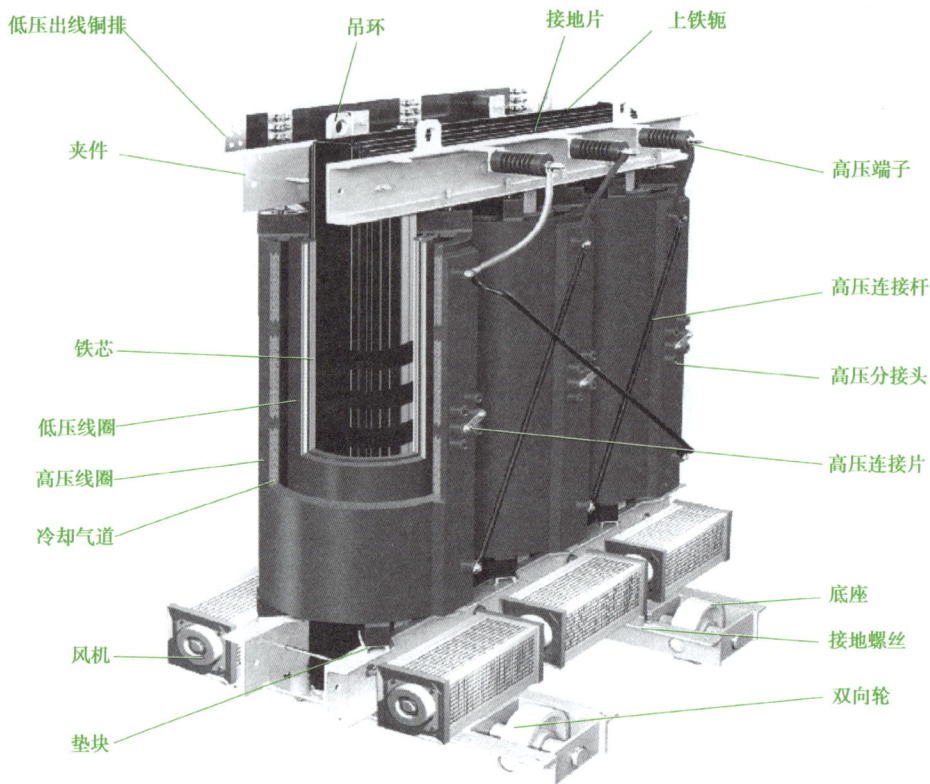

图2.16　干式变压器结构

铁芯的绝缘与变压器其他绝缘一样占有重要的地位,包括铁芯片相互间的绝缘、铁芯片与钢结构件之间的绝缘。铁芯片间的绝缘层把铁芯截面分成许多细小的小截面。硅钢片越薄,分割的截面越小,产生的涡流损耗就越小。铁芯需要单点接地,以避免铁芯放电和产生环流而增大损耗。

②绕组结构。

浇注干式变压器的绕组结构主要有下列3种类型:

a.高、低压绕组均采用导线绕制的层式绕组。高压一般采用分段圆筒式,低压为多层圆筒式。

b.高压采用分段圆筒式,低压采用箔绕式。

c.高、低压绕组均采用箔绕式。

③附件:风机、外壳(带电磁锁)、温控器等结构辅件。

(3)干式变压器的特点

①防灾性能突出:无油、无污染、难燃阻燃、自熄防火,不致引发爆炸等二次灾害。

②抗突发短路能力强:抗开裂,抗温度变化,机械强度高。由于树脂的材料特性,加之绕组是整体浇注,经加热固化成型后成为一个刚体,所以干式变压器机械强度很高,经突发短路试验证明,浇注式变压器因短路而损坏的极少。

③适应环境性能优越:环氧树脂是化学上极其稳定的一种材料,防潮、防尘,即使在大气污秽等恶劣环境下也能可靠地运行,甚至可在100%湿度下正常运行,停运后无须干燥预热即可再次投运。可以在恶劣的环境条件下运行,是环氧浇注式干变较之浸渍式干变

的突出优点之一。

④免维护：由于具有完善的温控、温显系统以及环氧树脂抗恶劣环境的能力，目前环氧浇注式干变的日常运行维护工作量很小甚至可免维护，从而可以大大减轻运行人员的负担，并降低运行费用。

⑤不需单独的变压器室，不需吊芯检修及承重梁，节约土建占地和占空；因无油，不会产生有毒气体，不会对环境造成污染，不要集油坑等附属建筑，减少了土建造价。

⑥运行损耗低，运行效率高。

⑦噪声小：SC(B)9系列配电变压器通常可控制在50 dB以下。

⑧局部放电量小（通常在5pC以下），可靠性高，可保证长期安全运行，设计寿命达30年。

⑨绝缘强度高：浇注用环氧树脂具有18~22 kV/mm的绝缘击穿场强。

（4）整流变压器与动力变压器的区别

整流变压器与动力变压器均采用环氧树脂浇注式无载调压三相变压器，它们的基本结构相同，主要区别是接线方式不同。

动力变压器的接线方式原边是三角形接法，次边是星形接法，即△/Y；整流变压器的接线方式是原边采用三角形接法，次边采用三角形、星形接法。

（5）温度控制器

①工作原理图。

如图2.17所示，变压器绕组（A、B、C）及铁芯（D）温度是通过铂电阻Pt100采集的。温度的变化引起它们阻值的变化。温控器通过把该阻值转换成电压信号，再通过滤波、A/D转换等电路和一系列算法算出它所反映的温度值，并根据这两路温度信号，一方面通过面板显示其通道号及其温度值；另一方面通过逻辑算法，当该温度超过设定值时，发出相应的控制输出，指令风机启停、报警或跳闸等。用户可通过面板按键设定具体的风机启停、铁芯报警等系统参数值。另外，当传感器出现故障或温控器内部硬件出现故障时，系统发出声光报警及故障信号。

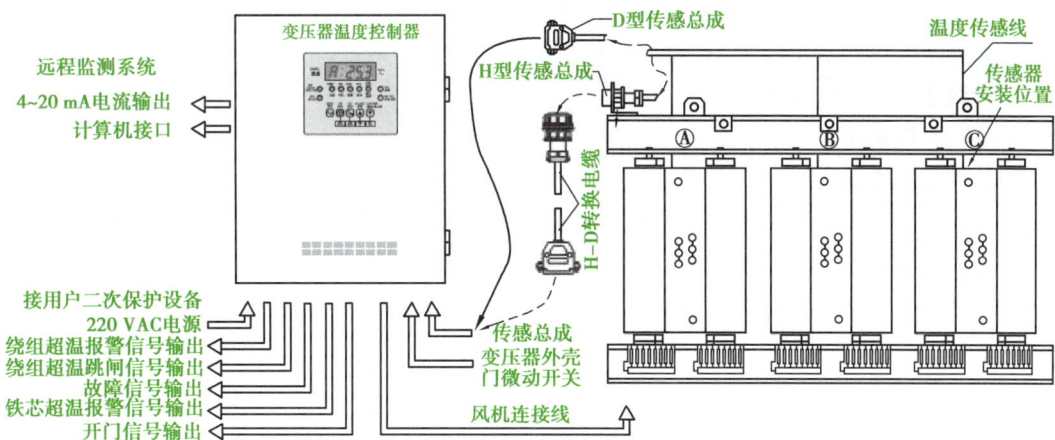

图2.17 温控器原理图

②Pt100 及 PTC 测温原理。

Pt100 的测温原理是其测温体的电阻阻值随环境温度变化而呈近似线性变化,其电阻—温度变化曲线如图 2.18 所示。

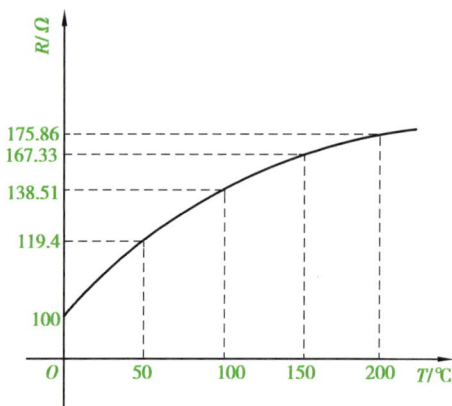

图 2.18　Pt100 电阻-温度变化曲线

由图中可看出,Pt100 铂电阻阻值随温度升高而增大,且基本呈线性变化。温控器就是利用铂电阻的这一特性来实现对变压器进行全程测温的。温控器所显示的温度值就是通过 Pt100 铂电阻测得的。由于铂电阻的重复性好,阻值与温度是一一对应的,通过它可测量任何一点的温度值,测量精度一般达 0.5 级。

③Pt100 测温精度保证。

Pt100 的测温方式可分为两线制、三线制及四线制。一般工业控制的温度测量采用三线制,可以抵消由于导线电阻的引入而引起的测温误差。举例说明:放大电路为电桥电路,产品生产调试时在短线上进行,而在实际应用中,接入传感线后,由于传感线都有一定电阻,会引起误差。

④TTC 测温原理。

温控器通过内部电路采集 Pt100 的温度信号,通过逻辑判断来确定是否发出超温报警和超温跳闸信号。双重保护,有效地防止了温控器不动作或误动作现象。

6)直流 1 500 V 设备

(1)整流器

①系统概述。

整流器安装在牵引变电所内,包括两面 12 脉波整流器柜,每面 12 脉波整流器柜由两个三相六脉波整流桥并联组成,两面柜子并列运行构成等效 24 脉波整流,每面 12 脉波整流柜的两回三相电源来自同一台整流变压器。其输入的交流额定电压为 AC 1180 V,直流侧额定电压为 DC 1500 V。

②系统参数见表 2.4。

表 2.4　整流器参数

项　　目	2 000 kW	3 000 kW	3 600 kW
额定交流输入电压/V	1 180	1 180	1 180
额定直流输出电压/V	1 500	1 500	1 500
额定直流输出电流/A	1 333	2 000	2 400
空载电压/V	1 650	1 650	1 650
额定损耗/kW	≤5	≤6	≤7
二极管型号(平板式)	ZP2200-44	ZP2600-44	ZP3000-44
桥臂并联数	3	3	3
臂电流不平衡度	≤10%	≤10%	≤10%
单台整流器二极管总数	36	36	36
直流侧短路电流/kA	39 kA/120 ms	56 kA/120 ms	72 kA/120 ms
冷却方式	空气自然冷却		
绝缘耐压	主回路 6 kV,50 Hz,1 min;辅助回路 2 kV,50 Hz,1 min		
过载能力	100%——连续;150%——2 h;300%——1 min		
电压调整率	负载 0.5%≤1 650 V,负载 100%=1 500 V,负载 300%≥1 320 V,线性变化		
环境条件	运行环境温度为-15~40 ℃,相对湿度日平均不大于95%,月平均不大于90%(25 ℃)有凝露发生,雷暴日>90 日/年,海拔高度≤1 000 m,地震烈度:8 度		

③整流器保护。

a.快速熔断器保护:每只整流二极管串联一个快速熔断器,当二极管损坏失去单向导电能力而产生大电流时,快速熔断器及时熔断将故障二极管进行隔离。

b.交流侧过电压保护:压敏电阻、特种熔断器。交流侧过电压保护由交流侧的氧化锌压敏电阻实现,防止交流侧开关操作或变压器感应产生的过电压,将过电压抑制在 3 000 V 以下。

c.直流侧过电压保护:在直流侧加装 RC 过电压抑制回路和放电回路,防止直流快速断路器开合时产生操作过电压损坏二极管,并在整流器输出端并联一个压敏电阻,抑制残余的过电压。

d.温度保护:在整流器预测最热处设置温度传感器元件,用于监视元件散热器的温度,并由温度继电器发出信号。

e.逆流保护:对于内部短路故障,整流器还设置有反映反向电流的逆流保护,当发生逆流且熔断器不能保护时,该保护能快速发出跳闸信号。逆流保护由每个桥臂串联的电流传感器和逆流保护模块组成。

④整流原理,如图 2.19 所示。

（a）12脉波整流电路图

（b）变压器原、副边电压矢量图

（c）整流换相顺序图

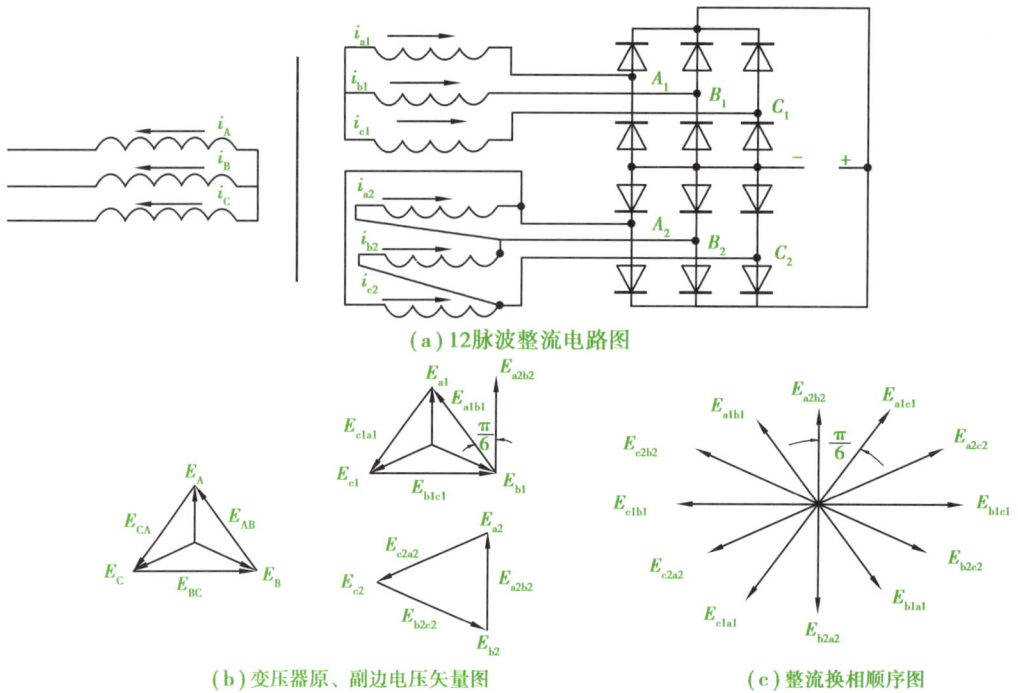

图 2.19   12 脉波整流原理图

在牵引变电所内通过整流变压器将 AC 30 kV 降到 AC 1180 V，经整流器整流成 DC 1500 V 向接触网供电。每座牵引变电所内，由整流变压器和整流器组成整流机组。等效 24 脉波整流电路由两组 12 脉波整流电路构成，12 脉波整流电路由两个 6 脉波三相整流桥并联组成。其中一个三相整流桥接向整流变压器的二次侧星形绕组，另一个三相整流桥接向整流变压器的二次侧三角形绕组。由于每台整流变压器二次侧星形绕组和三角形绕组相对应的线电压相位错开 π/6，便可以得到两个三相桥并联组成的 12 脉波整流电路。当供给两台 12 脉波整流器的整流变压器高压网侧并联的绕组分别采用 ±7.5° 外延三角形连接时，两套整流机组并联运行构成等效 24 脉波整流。

（2）DC 1 500 V 开关柜

直流开关设备主要作为控制和保护设备来给地铁提供直流牵引电源。城市轨道供电系统直流 1 500 V 设备由正极柜、馈线柜、负极柜、端子柜和轨电位限制装置五部分组成。

a.正极柜:将整流器的正极连接到直流开关柜的主母排上。

b.馈线柜:将正极电压馈出到线路上。

c.负极柜:将钢轨与整流器的负极相连。

d.端子柜:柜间接口及对外接口。

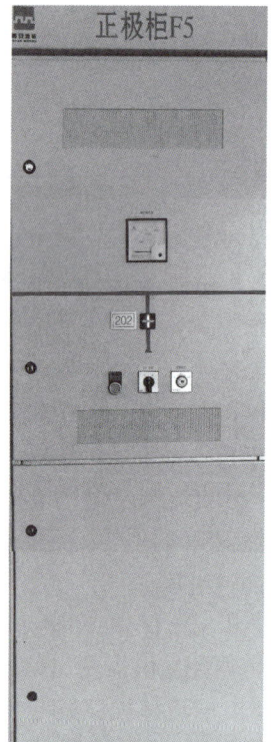

图 2.20   正极柜正面图

e.钢轨电位限制装置:监测钢轨对地的电压,保护设备及人身安全。

f.各柜操作均以确定好的联锁关系进行。任何情况下,隔离开关不能带负荷操作,因此通常情况下合闸先后顺序依次为负极柜、正极柜、交流断路器,最后是馈线柜,分闸顺序相反。

①正极柜,如图 2.20 所示。

正极柜内设置电动隔离开关或断路器。

正极柜面板,如图 2.21 所示。

图 2.21　正极柜面板图

正极柜面板上部有指针式电压表、电流表各一个,用来显示母线电压和进线电流;另一个正极柜只有一个指针式电流表,用来显示进线电流。电流表量程为 6 000 A,电压表量程为 2 000 V。

下侧面板是隔离开关位置指示器、故障总信号(复位)按钮、隔离开关操作机构和远方/就地转换开关。

②馈线柜,如图 2.22 和图 2.23 所示。

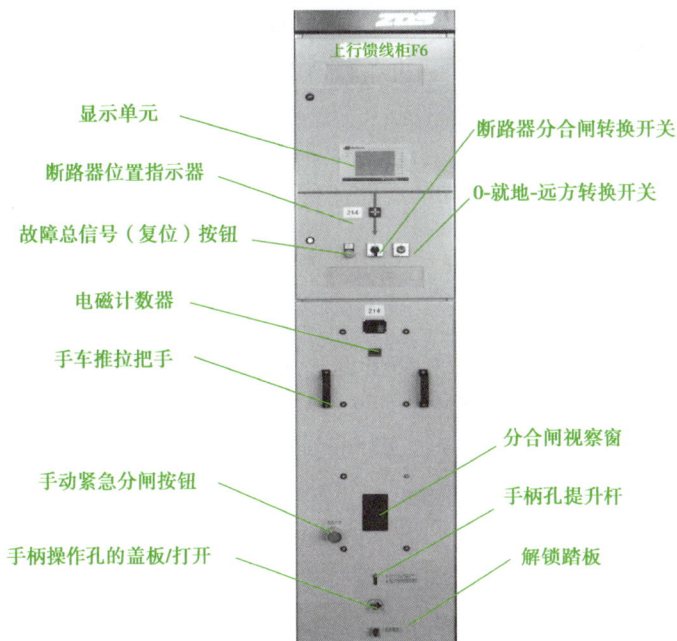

图 2.22　馈线柜正面图

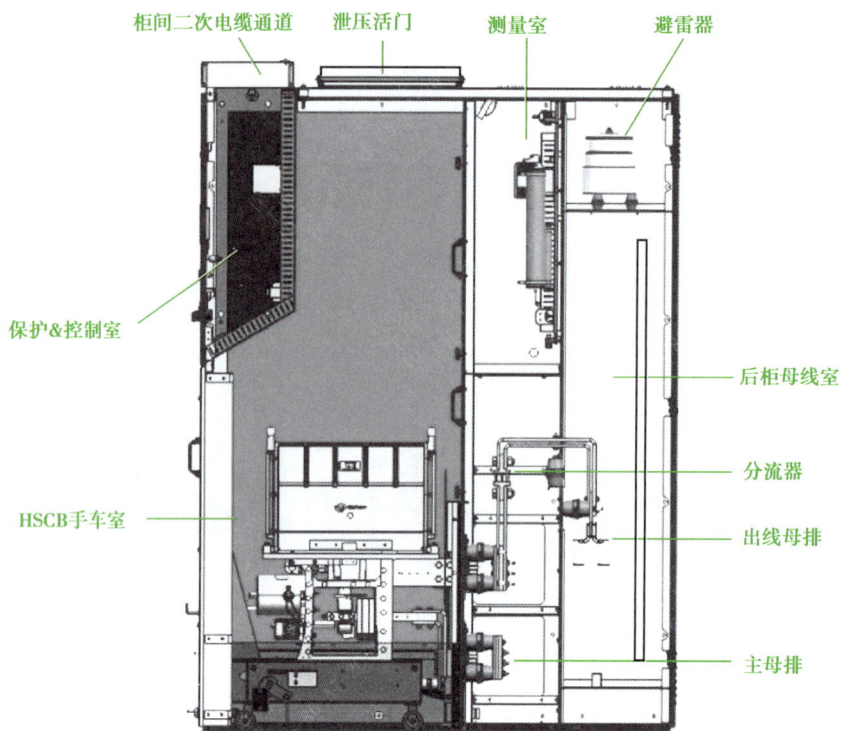

图 2.23　馈线柜侧面分布图

馈线柜为 DC1 500 V 快速断路器柜,由一个固定的柜体及可拉出式手车组成。直流快速断路器安装在手车上。

面板由三部分组成,上部分为 SEPCOS-NG 控制和保护单元,中间部分包括断路器分合闸指示和操作单元,故障指示灯和远方/就地钥匙孔,下部分为 HSCB 手车断路器操作机构。

③负极柜。

负极柜是钢轨与整流器负极之间的回路通道,采用手动隔离开关,开关柜上部和后部设有低压元件室。

(3)钢轨电位限制装置

①基本概念。

在直流牵引系统中,操作电流和短路电流等大电流的存在,或回流通道回流不畅,可能会引起回流回路和大地间产生超过安全许可的接触电压。在此情况下,就需要在回流回路与大地间装设钢轨电位限制装置,以限制运行轨电位,避免超出安全许可的接触电压造成人身伤害。

钢轨电位限制装置主要包含下列元件:负荷开关(由晶闸管元件和直流接触器组成),电压测量元件,LOGO 或 PLC 逻辑控制模块。

②钢轨电位限制装置原理图,如图 2.24 所示。

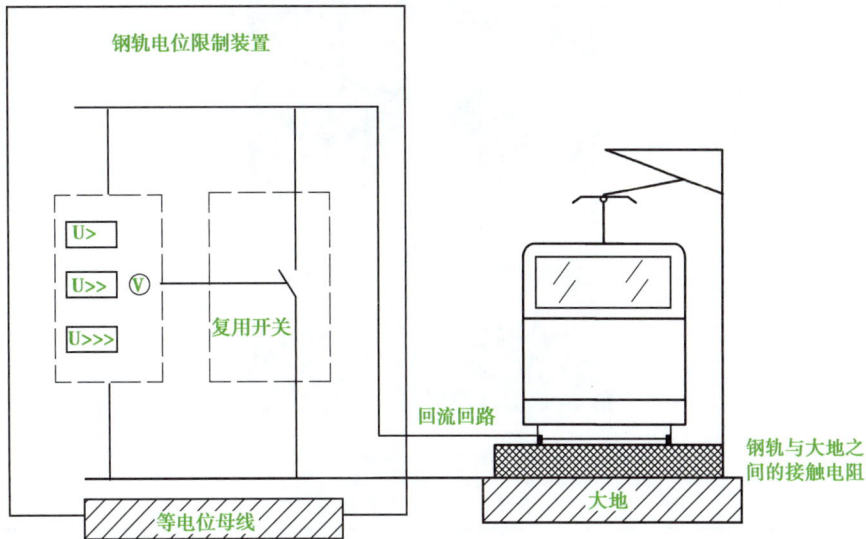

图 2.24　钢轨电位限制装置原理图

③系统参数。

柜体参数:外形尺寸(宽×深×高):600 mm×600 mm×2 200 mm。

额定操作电流:800 A/1 250 A。

短路耐受能力:50 kA/200 ms。

机械寿命:$1.5×10^6$ 次。

操作频率(操作循环次数/h):120。

电压监测 U>:整定范围 50~300 VDC,时间:0.15 s~99 h。

电压监测 U>>:整定范围 50~300 VDC,时间:0.1 s。

电压监测 U>>>:整定范围 600 VDC±50 VDC,时间:<0.000 2 s。

预整定值见表 2.5。

表 2.5　预整定值

	参　数	预先设定值
PLC 控制器参数	B001 短路闭锁次数	3
	B002 短路持续期	10 s
	B003 复位前非短路持续期	6 s
	B004 U>动作延时	0.8 s
	B005 U<动作延时	24 h
电压继电器参数	电压继电器 U>	90 V
	电压继电器 U>>	150 V
	电压继电器 U<	5 V

④面板如图 2.25 所示,功能见表 2.6。

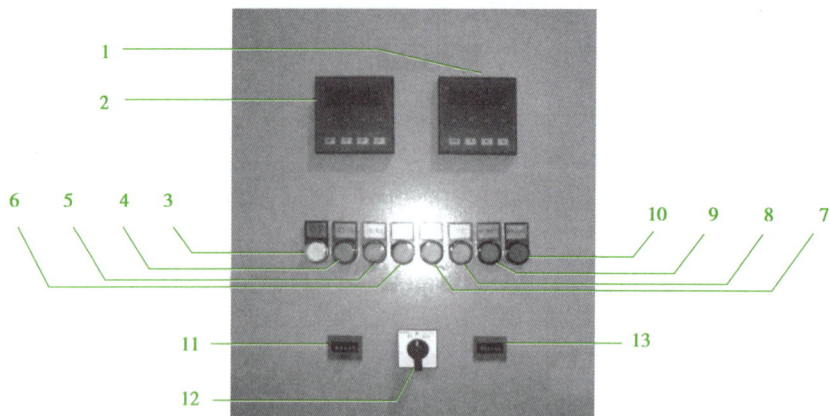

图 2.25　面板

表 2.6　面板功能介绍

序号	指示器名称	作　　用
1	电压表	显示回流回路与结构地之间的电压
2	电流表	显示当接触器闭合时接地回路的电流
3	控制电源正常（指示灯）	当控制电源正常时,指示灯"控制电源正常"亮起
4	装置故障（指示灯）	略
5	闭锁/复位（带灯按钮）	略
6	U>动作	动作时灯亮
7	U>>动作	动作时灯亮
8	U>>>动作	动作时灯亮
9	接触器分位	分位时,绿灯亮
10	接触器合位	合位时,红灯亮
11	可复位式计数器（五位）	计数当日动作次数
12	测试转换开关	用于模拟电压值 U>、U>>
13	不可复位式计数器（六位）	记录接触总的动作次数

发生以下情况时,指示灯"装置故障"指示灯亮起。

a.由于 U>或 U>>动作,接触器已闭合,但仍然存在不安全电压;

b.接触器打开,但仍然存在闭锁信号;

c.接触器位置故障;

d.接触器有分合闸命令,但无动作。

发生以下情况时,指示灯"闭锁/复位"亮起。

a.U>合闸计数大于设定值；

b.U>>电压继电器动作；

c.U>>>电流继电器动作；

d.其他装置故障。如：接触器已闭合，仍然有不安全电压存在；接触器位置故障；接触器分合闸故障等。

e.钢轨电位限制装置动作情况。

当钢轨电位限制装置检测到钢轨与保护地之间的电压差大于装置一段动作电压时，接触器合闸，经一定时间恢复开断。合闸后到恢复开断前的时间间隔可用时间继电器进行调整，调整范围为 0~120 s。当连续动作 3 次后，短路装置将不再恢复开断，而处于恒定合闸状态。当钢轨电位限制装置检测到钢轨与保护地之间的电压差大于 150 V（二段动作电压）时，接触器永久合闸，不再恢复开断。当钢轨电位限制装置检测到钢轨与保护地之间的电压差大于 600 V（三段动作电压）时，晶闸管回路首先在 0.1 ms 内导通，使钢轨与地快速连接，以迅速降低钢轨与保护地间电位差。与此同时，与晶闸管回路串联的 MAS 型电流继电器检测到流经的电流值达到整定值时，立即触发接触器动作，使接触器主触点恢复闭合，从而保证钢轨与保护地持续连接，保障人身安全。接触器合闸后，晶闸管回路立即断开。晶闸管的参数能满足 1 500 V 正极对地短路时，耐受短路电流的要求（可达 50 kA、250 ms 左右）。接触器（包括继电器）的总合闸时间不大于 200 ms。当失去控制电源时，接触器处于常闭状态。当短路装置短接时，若在钢轨和大地间仍有一个电压，则设备被认为出了故障，此时由干接点向综合监控系统发送故障信息。

7)杂散电流监测系统

（1）杂散电流基本概念

在城市轨道直流牵引供电系统中以轨道作为回流导体，且直流牵引系统设备均采用绝缘安装的安装方式，由于钢轨不可能对地完全绝缘，而且回流轨存在电压降，导致一小部分负荷电流从轨道流到轨枕和道床及地下钢筋金属设施中去，这部分电流就是杂散电流。

杂散电流所经过的路径可概括为两个串联的腐蚀电池，如图 2.26 所示。

电池Ⅰ：A 钢轨（阳极区）→B 道床→C 排流网（阴极区）。

电池Ⅱ：D 排流网（阳极区）→E 道床→F 钢轨（阴极区）。

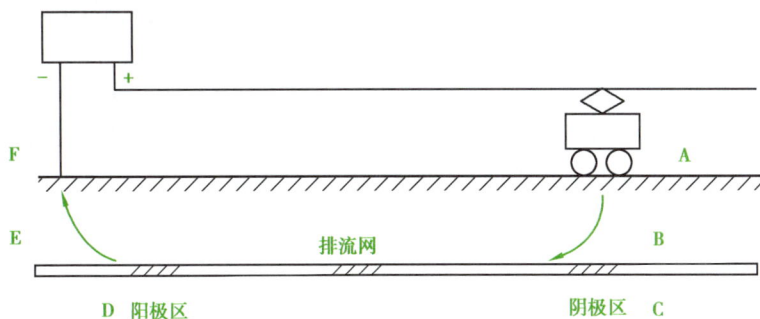

图 2.26　电流走向示意图

在地铁中采用直流牵引，走行轨回流，不可避免会有电流从走行轨泄入大地，对地下或地面的金属构件如结构钢筋、地下管线等产生严重的腐蚀。腐蚀不仅造成大量的金属损失，更为严重的是，可能造成结构的破坏和其他系统的损害。

（2）监测系统简介

杂散电流监测系统由参比电极、道床收集网测试端子、隧道辅助收集网测试端子、传感器、数据转接器、监测装置、通信电缆及微机管理系统组成。

在每个测试点将参比电极端子和测试端子接至传感器，将该车站区段的上行/下行传感器通过通信电缆分别连接到位于各车站的上行/下行数据转接器。每个转接器接 6~8 个传感器，采集数据经数据转接器通过通信电缆及通信通道接至供电车间的杂散电流监测装置，再通过微机管理系统对所测量的数据进行处理和打印作业。

a.传感器：主要进行各种模拟量的采集与处理。

b.监测装置：借用 SCADA 通信通道，把数据上传监控主机。

c.监控主机：对杂散电流数据进行分析和处理，利用 SCADA 通信通道把数据集中。

①测量功能。测量整体道床结构钢筋、隧道结构钢筋对周围混凝土介质的极化电位，并能测量钢轨对地电位、钢轨泄漏电阻及钢轨纵向电阻。

②数据处理功能。系统能将测量的数据自动进行处理，并打印出各种数据、曲线和报表。

（3）监测系统组成

DZC-2 型传感器如图 2.27 所示。

电源输入：AC 220 V±22 V，50 Hz。

DZC-2 型传感器对城市轨道交通运行期间有关杂散电流的相关参数进行自动监测、实时上报，并存储监测数据。当出现杂散电流相关参数超标等异常情况时，自动上传报警信息，通过上位机提醒值班工作人员注意并采取相应处理措施，保障城市轨道交通的安全可靠运行。

如图 2.27 所示，DZC-2 型传感器用于实时采集牵引钢轨对结构钢筋的电位差（接触电压）、参比电极对结构钢筋的电位差（极化电位）；计算列车运行期间接触电压的半小时最大值；计算极化电位的半小时平均值；与监测装置进行通信，接收监测装置发出的命令，向监测装置上传数据。

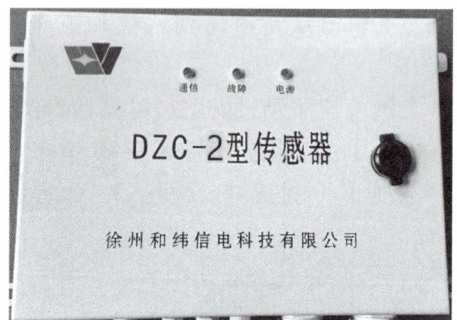

图 2.27　DZC-2 型传感器

传感器状态可通过本机指示灯或系统软件报警，当怀疑某传感器故障时，可先通过上位机调其瞬时值，无数据或数据不正确时，就地将传感器复位，检查其指示灯，判断故障类型。

DZC-2 型传感器结构图，如图 2.28 所示。

①传感器正常指示灯状态。

复位后：通信灯与故障灯同时闪烁一次（1 s），表示灯状态完好，通信正常。

运行中：电源灯常亮，通信灯在系统通信时闪烁一次。

②传感器故障指示灯状态，见表 2.7。

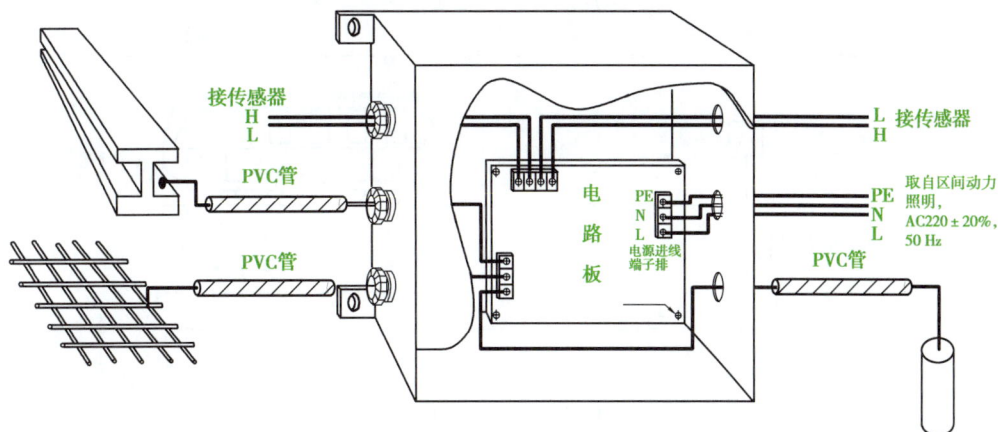

图 2.28　DZC-2 型传感器结构图

表 2.7　传感器故障指示灯状态

序号	故障现象	故障原因	排除方法
1	电源指示灯熄灭	①配电箱断电； ②保险丝熔断； ③电源指示灯损坏； ④主板有故障	①送电即可； ②更换保险管； ③更换指示灯； ④更换传感器电路板
2	通信指示灯常亮	①通信接线接触不好； ②通信线有断线	①检查接线端子； ②检查通信线路
3	通信灯与故障灯常亮	①主板地址整定出错； ②主板有故障	①检查 DIP 开关整定； ②更换传感器电路板
4	通信灯与故障灯同时以 2 s 间隔闪烁	通信地址有冲突	检查在同一个数据转接器下面的其他传感器地址（地址相同的传感器通信灯闪烁）
5	故障灯点亮	①通信总线错误； ②主板有故障	①检查通信线路有无短接或反接； ②更换传感器电路板

（4）排流柜概述

只有当杂散电流从钢筋流出时才会对钢筋产生腐蚀，而杂散电流流出的区域集中在阴极区即在牵引变电所附近，可以在牵引所将结构钢筋或其他可能受到杂散电流腐蚀的金属结构与牵引所的负极母排相连。由于杂散电流总是走电阻最小的通路而直接流至牵引所，大大减小了杂散电流从钢筋扩散至混凝土的可能，减小了杂散电流流出钢筋导致的电化学腐蚀。排流柜正是保证把排流网收集到的杂散电流通过正当的路径进行泄放的专用设备。排流柜功能图如图 2.29 所示。

排流柜安装在牵引变电所内，电气联接在排流网引出端子和整流器负极，使结构钢筋中的杂散电流单方向流回牵引变电所内整流器负极，减少杂散电流对结构钢筋的腐蚀。

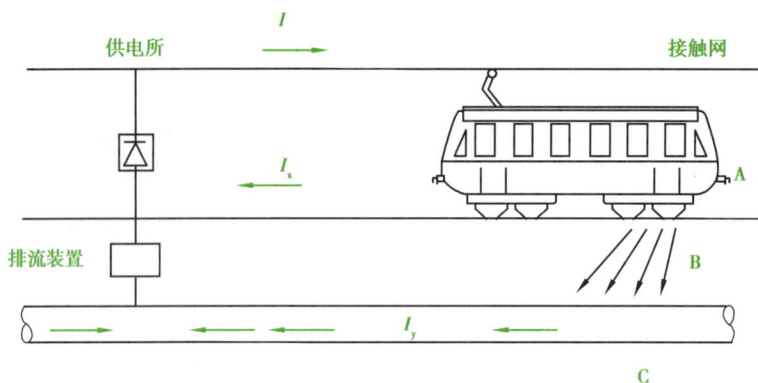

图 2.29 排流柜功能图

①排流柜基本参数,见表 2.8。

表 2.8 排流柜参数

系统额定电压	DC 1 500 V
系统最高电压	DC 1 800 V
接地支路额定电流	400 A
接地支路短时耐受电流	80 kA/30 ms
排流支路额定电流	200 A
主回路工频耐压	5.0 kV(1 min)
辅助回路工频耐压	2 kV(1 min)
外形尺寸(宽×深×高)	1 200 mm×1 200 mm×2 300 mm

②排流柜保护设备。

排流柜中设有短路保护及压敏电阻过电压保护。

a.短路保护:排流柜采用熔断器保护和反向电压保护作为短路保护。排流柜内排流支路设一只二极管,接地支路设两只二极管并联,排流支路的二极管与相匹配的一个直流快速熔断器串联。当出现短路故障时,熔断器熔断,保护二极管不受损坏,同时通过熔断器本身所带的常开接点发出信号。另外,在每个排流支路设有电流传感器,当二极管击穿而快速熔断器未熔断时,依靠测得的电流传感器的逆向电流可知二极管的故障,此保护与熔断器保护一起形成可靠的保护系统。排流柜智能控制器通过检测熔断器触点信号和电流传感器信号,确保在二极管发生故障时能可靠地发出信号。

b.过电压保护:在每一支路两端设置压敏电阻对回路进行过电压保护。

(5)单向导通装置

①概述。

单向导通装置一般安装在车库外、场段与正线的连接处或过江隧道两头,在安装地点的钢轨结合处设置绝缘结,在正线与场段结合部位安装单向导通装置,是为了防止地下段内钢轨通过场段绝缘相对薄弱的地面钢轨泄漏至大地形成杂散电流。在车库外与过江隧道处设置单向导通装置,其原因也基本相同,都是防止钢轨绝缘好的钢轨与绝缘差的钢轨直接相通而形成杂散电流。

装置内设置有隔离开关,用于在单向导通装置出现故障时连接绝缘结两端钢轨,使列车能够正常运行。在一般隧道线路上,单向导通装置的正极接车辆段地上钢轨,负极接地下正线钢轨,当列车在地下正线运行时,不允许列车电流回流至车辆段或列车库内。图2.30为地面钢轨与地下钢轨隔离示意图。

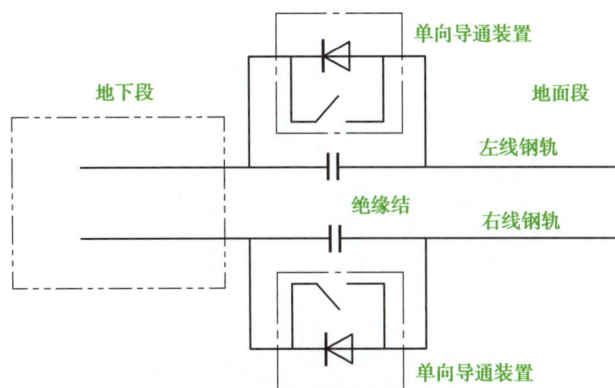

图2.30 面钢轨与地下钢轨隔离示意图

②单向导通装置参数,见表2.9。

表2.9 单向导通装置参数

系统电压	1 500 V
系统最高工作电压	1 800 V
额定电流	2 000A
额定短路电流	65 kA(29 ms)
外形尺寸(宽×深×高)	1 200 mm×800 mm×1 950 mm
防雨帽(宽×深×高)	1 400 mm×1 000 mm×70 mm

8)静调电源柜

(1)概述

静调电源柜是一种DC 1 500 V直流配电柜,由柜体及柜顶的警报灯组成,一般设置在轨道交通地铁综合维修基地的静调库内,再通过列车电源箱给列车提供1 500 V DC电源,以满足检修需要。

静调电源柜,如图2.31所示。

(2)功能

①电源配电柜从外部获得DC 1 500 V电源和AC 220 V电源,输出满足车辆车间电源要求的DC 1 500 V。

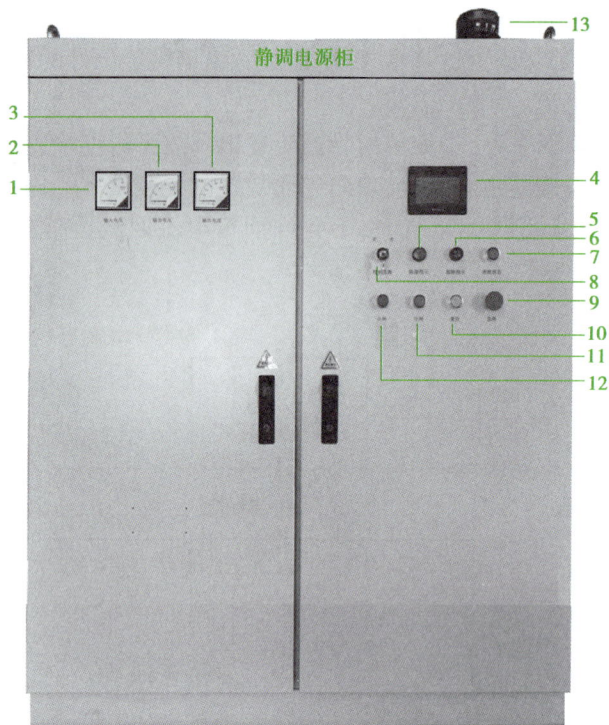

图 2.31　静调电源柜

1—电压表;2—电压表;3—电流表;4—显示单元;5—除湿指示灯;6—故障指示灯;7—连接状态;
8—控制电源 珘;9—紧停按钮 10—复位按钮;11—分闸带灯按钮;12—合闸带灯按钮;13—警示灯

②当主回路输出过流时,车辆车间电源配电柜可以通过电路进行保护。

③电源配电柜得电(包括控制回路)时,能发出"警示"信号。

④电源配电柜得电(包括控制回路)时,配电柜门不能打开。

⑤当直流接触器和直流快速断路器闭合时,有指示灯进行指示。每个车辆车间电源配电柜设有紧急按钮,在紧急状况下可通过按压紧急按钮使车辆车间电源配电柜输出失电。当紧急按钮动作后,系统设有蜂鸣器进行报警,警报必须按压复位开关进行手动复位才能解除。

⑥每个电源配电柜有两块电压表和一块电流表。电压表量程为 0~2 000 V,精度为 1 级,分别显示输入端电压和输出端电压。电流表指示输出电流值,量程为 0~1 000 A,精度为 1 级。

⑦电源配电柜控制逻辑:

a.柜门上设有一电子锁,该锁有两个位置:"开"位和"关"位。当该锁处于"关"位时,直流接触器、直流快速断路器均不能操作,只有当该锁处于"开"位时,直流接触器、直流快速断路器才能正常操作。

b.电源配电柜 DC 110 V 辅助输出回路未闭合或闭合但无 DC 110 V 输出时,直流接触器、直流快速断路器不能闭合。

c.电源配电柜 DC 110 V 辅助输出回路断开或无 DC 110 V 输出时,直流接触器、直流快速断路器立即断开,且直流快速断路器先于直流接触器断开。

d.电源配电柜 DC 110 V 辅助输出回路闭合且 DC 110 V 正常输出时,只有直流接触器闭合状态下的直流快速断路器才能闭合。

e.电源配电柜 DC 110 V 辅助输出回路闭合且 DC 110 V 正常输出时,只有直流快速断路器断开状态下的直流接触器才能断开。

f.如强行打开柜门,则电源配电柜跳闸。

(3)技术参数

电源配电柜技术参数,见表 2.10。

表 2.10 技术参数

输入电压	DC 1 500 V
最高输入电压	DC 1 800 V
最低输入电压	DC 1 000 V
额定电流	DC 400 A
自动分闸整定电流	DC 600 A
设备工作环境温度	−10 ~40 ℃
设备储存环境温度	−20~70 ℃
防护等级	≥IP41

9)低压开关柜

(1)设备概述

西安地铁一、二号线均采用厦门 ABB 低压电器设备有限公司生产的 MNS3.0 型低压开关柜。其包括进线柜、馈线柜、母联柜、电容补偿柜。系统采用三相四线制配电系统和 TN-S 接地保护系统。

(2)低压开关柜内的主要元器件

该低压开关柜主要包括断路器、智能控制单元、数字仪表及智能接口模块、按钮/信号灯、智能电力测控仪表等。为便于开关电器的上下级保护配合和方便管理,低压开关柜内的框架断路器选用 ABB 的 Emax 系列,塑壳断路器为 ABB 的 T(电子式)及 S 系列(热磁式)断路器,接触器采用 ABB 的 A 系列接触器,其他主要元件均为 ABB 元器件。

①空气断路器。

a.基本结构如图 2.32 所示。

b.E 开关柜保护单元。

PR122/P 是一种应用于 ABB EMAX 系列三极或四极低压空气断路器上的高性能保护单元。它包括保护、测量、数据存储、通信(可选)、自我检测、负荷保护区域选择等功能。此单元允许用户在界面进行参数设置等操作,还具备完善的保护功能预告警、告警功能及自我检测功能。

PR122/P-LSIG 系列保护单元如图 2.33 所示,其中包含:L—过载长延时保护、S—短路短延时保护、I—短路瞬时保护、G—接地保护。保护单元通过直接作用在短期操作机构上的脱扣线圈装置来分断断路器。

②抽屉单元。

a.8E/4 和 8E/2 抽屉单元。

抽屉单元操作机构如图 2.34 所示。

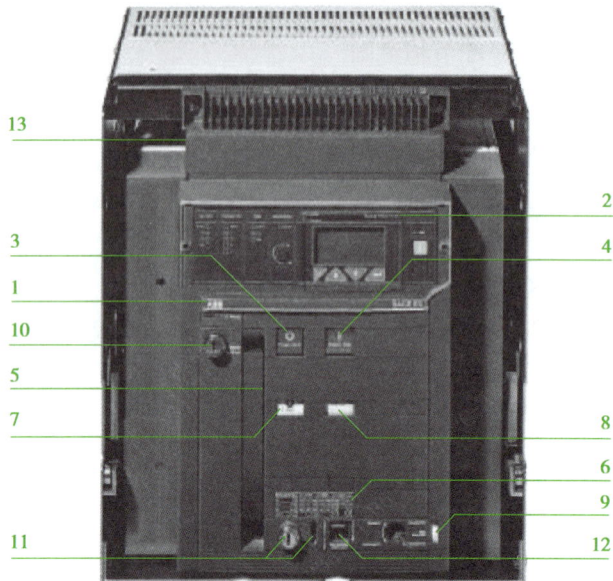

图 2.32　E 开关结构

1—商标及断路器型号;2—脱扣器;3—手动分闸按钮;4—手动合闸按钮;5—手动弹簧储能操作手柄;
6—电气额定值标签;7—机械指示,断路器处于分闸为"○"或合闸"|";8—弹簧储能状态指示;
9—断路器位置指示;10—分闸位置锁;11—摇进/摇出闭锁钥匙;12—摇进/摇出装置;13—滑动触头

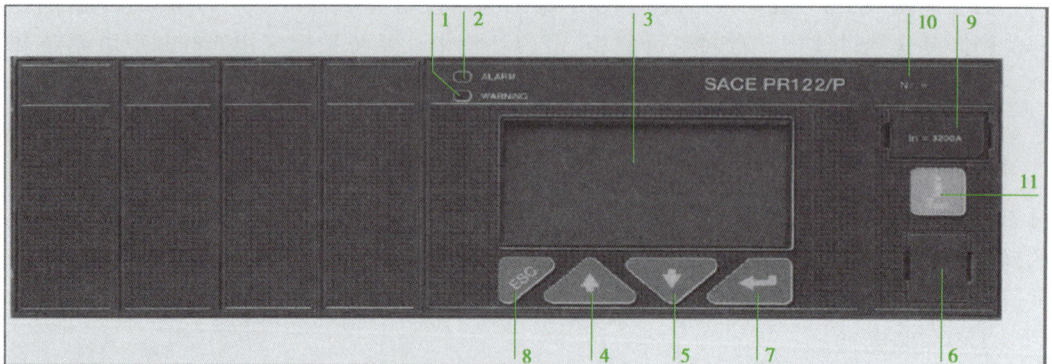

编号	描述
1	LED预告警指示
2	LED告警指示
3	背景灯式图表显示(屏幕左下方显示ABB表明正常操作)
4	光标向上移动键
5	光标向下移动键
6	通过一个外部装置(PR030/B 供电单元,BT030 无线通信单元和PR010/T单元)来连接和测试脱扣器的测试连接器
7	输入数据确认键
8	退出次级菜单或取消操作键(ESC)
9	额定电流插块
10	保护脱扣器的系列编码
11	"i Test" 测试和信息键

图 2.33　E 开关保护单元

图 2.34 8E/4 和 8E/2 抽屉单元

●一个或两个导轨部分供安装卡盒式元件。

●包含导线和二次控制插槽的集成电接触插头的抽屉尾板。对 8E/4 抽屉,这种二次插槽是一个 16,20 或 38 孔的端子;对 8E/2 抽屉,这种二次插槽是一个或两个 16,20 或 38 孔的端子。

●用绝缘材料制成的前面板。这种前面板上有孔可以用来安装测量、操作和显示元件。

●两侧的隔板如果使用标准的熔断开关和断路器,这些元器件的操作手柄同样可以作为电气和机械的联锁装置。

屉操作手柄的位置说明见表 2.11。

表 2.11 8E/4 和 8E/2 的抽屉操作手柄位置说明

开关位置	抽屉位置	主回路和控制回路
合闸	在柜中	主回路和控制回路都接通
分闸 可以用三把锁锁住	在柜中	主回路和控制回路都分断
测试 可以用三把锁锁住	在柜中	主回路分断,控制回路接通
抽出(插入)位置	在柜中 隔离位置不在柜中	主回路和控制回路都分断
隔离位置 可以用三把锁锁住	在抽屉抽出柜子的 30 mm 处	主回路和控制回路都分断,达到隔离位置

b.8E 和 16E 抽屉单元,如图 2.35 所示。

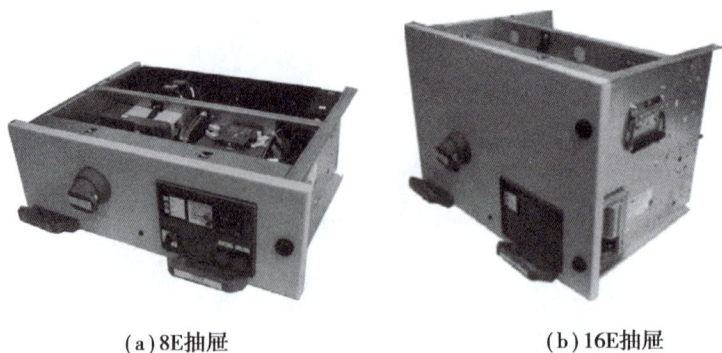

(a)8E抽屉   (b)16E抽屉

图2.35　8E和16E抽屉单元

10)交直流系统

(1)系统概述

在地铁供电系统中,交直流电源装置是一个十分重要的组成部分,它的主要作用是为变电所中其他供电设备的二次部分提供不间断的、稳定的直流电源。如为断路器分、合闸及二次回路中的仪器、仪表、继电保护和故障照明提供可靠的直流电源。其原理如图2.36所示。

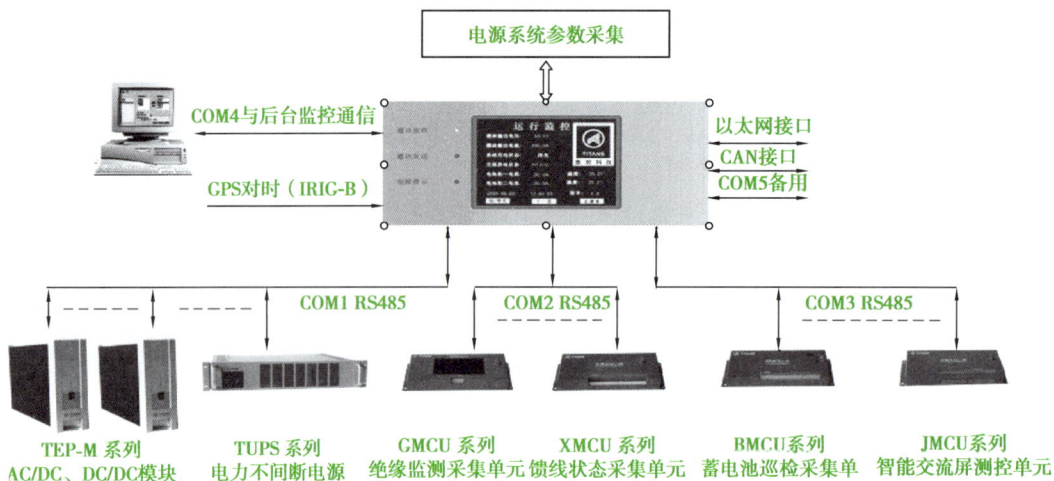

图2.36　交直流系统原理图

(2)系统组成及其作用

①交流配电:将交流电源引入并分配给各个充电模块,扩展功能为实现两路交流输入的自动切换,以提高直流系统供电的可靠性。为防止过电压损坏充电模块,交流配电设有防雷装置。

②充电模块:提供电池所需电压输出的AC/DC智能高频开关变换器,其输出连接在电池母线上。其基本功能是完成AC/DC变换,以输出稳定的直流电源实现系统最基本的功能。

③直流馈电:将直流电源经断路器、刀熔开关分配到各直流用电设备。包括合闸(动力)回路、控制回路、闪光回路以及绝缘监测装置等,扩展功能为馈线故障跳闸报警。

④母线调压:因为直流电源在对蓄电池进行均衡充电时,充电模块的输出电压会高于

控制回路的额定电压值,所以在合闸母线与控制母线之间设置调压装置,以保证控制母线的电压在正常范围内。

⑤监控模块:负责实现直流电源系统的监测、控制和管理的功能模块。监控模块是电源系统的控制、管理核心,具有四遥功能,可使电源系统实现无人值守。它采用以微处理器为核心的集散模式对充电模块、馈电回路、电池组、直流母线对地绝缘情况实施全方位监视、测量、控制,完全不需人工干预。

⑥蓄电池组:是直流系统的重要组成部分,主要作用是在交流输入电源正常时储存电能,并在交流停电时释放电能,保证直流系统不间断地向负载供电。

⑦绝缘监测仪:主要功能是在线监测母线和馈线支路的绝缘下降情况。在线检测出有绝缘下降的支路和绝缘电阻时,发出告警信号。

⑧电池巡检仪:主要功能是实现每只或每组(3 只或 6 只为 1 组)电池电压的监控。同时,对电压异常的电池进行告警。

(3)交直流设备运行状态

①系统交流输入正常时,两路交流输入经过交流自动切换控制选择其中一路输入,并通过交流配电给各个充电模块供电。充电模块将输入三相交流电转换为高质量的 110 V 直流电,经隔离二极管隔离后输出,一方面给电池充电,另一方面给合闸负载供电。此外,合闸母线还通过降压硅链装置为控制母线提供电源。系统中的监控部分对系统进行管理和控制,信号通过采集处理后,再由监控模块统一管理,在显示屏上提供人机操作界面,并可以接入远程监控系统。系统还配置有绝缘监测仪或绝缘监测继电器,用于监测母线绝缘情况。

②交流输入停电或异常时,充电模块停止,由电池向负载供电。监控模块监测电池电压、电流和放电时间,当电池放电到一定程度时,监控模块发出告警。交流输入恢复正常以后,监控模块根据电池放电情况自动选择充电方式,控制充电模块对电池进行充电,使电池恢复到满容量状态。

2.1.2　专业技能

1)值班标准

①有人值守的变电所至少设 1 名值班员,其安全等级不低于二级。

当值班员参加检修工作时,须听从作业组工作领导人的指挥。

②值班员接受电调的统一指挥,保证变电所内设备安全可靠,值班工作中应做到"五熟""三能"。

③正确执行电调命令,按相关规定进行倒闸作业,办理检修、试验工作票并做好安全措施,办理准许作业手续。

④按相关规定及时、正确填写各种运行记录及报表。

⑤严格执行有关规章、制度、细则、命令及指示。

⑥控制室内应保持安静,不准会客,严禁未经许可的人员进入控制室和设备区,外来人员入所应按相关制度办理手续后方可进入。

⑦变电所应保持清洁、整齐,不准进行娱乐活动和高声喧哗;严禁闲杂人员和无关人

员在变电所内逗留过夜,且不得使用变电所电话。

⑧妥善保管和正确使用各种工具、仪表,做好变电所防火防盗工作,保养和维护好消防用具及器材。

⑨值班员应坚守工作岗位,要有高度的工作责任心,不得擅离职守,并严禁从事与值班无关的其他事情,应按所排的值班表值班,不得任意替班、换班,特殊情况应经所在工班的工班长允许方可变换值班员,并在运行日志中做好相关记录以备查阅,接班前和值班中严禁饮酒,接班人员应确保头脑清醒、精力充沛。

⑩值班员应努力学习技术业务知识,不断提高技术业务水平,保管和整理好各类台账、资料和图纸,认真贯彻执行各项规章制度,严格按照相关标准作业。

2)巡检标准

变电所巡检人员安排两人,根据《变电所安全工作规程》要求,其中一人安全等级不得低于二级。

(1)巡检准备:

①准备巡检钥匙、巡检包。

②作业者按照要求穿着工作服,携带相应工器具及耗材,佩戴劳动防护用具。

③工器具配备标准见表2.12。

表 2.12　主要工器具

名　称	数量(单位)	名　称	数量(单位)
220 V 试电笔	1 支	测温仪	1 个
万用表	1 只	尖嘴钳	1 把
螺丝刀(一字、十字)	1 套	钢丝钳	1 把
活动扳手	1 把	柜体钥匙	1 把
剥线钳	1 把	手电筒	1 把
对讲机	1 台		

④主要作业材料见表2.13。

表 2.13　主要作业材料

名　称	数量(单位)
保险	若干只
油漆刷	1 把
干净抹布	1 条
绝缘胶布	1 套

（2）巡检内容

巡检内容见表 2.14。

表 2.14　各设备巡检标准

设备名称	序号	巡检项目	巡检标准	检测方法	常见故障处理
控制系统盘	1	后台机运行情况	正常运行	目测	本站的通信如与 OCC 通信有误，信号不统一，要将 C306 通信单元复位
	2	后台机显示的时间	与实际时间相同	目测	
	3	NS300 运行情况	能正确接收该站的所有信息	目测	
	4	主接线图	主接线图与实际相符	目测	
	5	综合自动化系统结构图	通信图案显示正确	目测	
	6	简报内容	无新事件记录	目测	
	7	ZK1-4 在合闸位	在合闸位置	目测	
	8	C306 通信单元及各通信单元模块运行情况	各模块指示灯显示正常	目测	
	9	D200 V 测控单位	各模块指示灯显示正常	目测	
	10	柜内的二次端子接线良好	接线无明显的裸露和松动	目测	
	11	隔离开关指示灯	正常时馈线开关指示灯亮红灯，越区开关指示灯亮绿灯，试验时全部亮灯	目测	
	12	当地/远方转换开关位置	在 1SA/2SA 在远方位	目测	
	13	柜内的照明回路情况	照明指示灯能满足工作要求	目测	
智能交流屏	1	电压显示情况	电压三相基本平衡，数值在正常范围	用万用表测试	①更换指示灯；②继电器运行时间长会导致线圈坏掉；③二次端子松动，接触不良
	2	运行控制开关	应在自动位	目测	
	3	Q1、Q2、Q3 运行正常及手动/自动转换开关在自动位	Q1 合位，Q2 合位，Q3 分位且 Q3 已储能	目测	
	4	馈线 MCB 运行情况	除备用外全部应在合位	目测	
	5	MCB 指示灯显示情况	投入的指示灯为红色	目测	
	6	缺相报警器情况	指示灯不亮	目测	
	7	柜内的二次端子接线良好	接线无明显的裸露和松动	目测	
	8	各继电器、接触器情况	无异响、无异味、无电弧	目测	

续表

设备名称	序号	巡检项目	巡检标准	检测方法	常见故障处理
充电屏	1	充电机电压表显示情况	电压值在正常范围	目测	①电流表或电压表坏,确认后更换;②继电器运行时间长会导致线圈坏掉;③二次端子松动,接触不良
	2	蓄电池电压表显示情况	浮充状态下不大于126.9 V,控母电压在正常范围	目测	
	3	充电机电流表显示情况	控母电流与集中监视器数据显示相对应	目测	
	4	蓄电池电流表显示情况	牵引所13 A,降压所8 A左右	目测	
	5	集中监视器运行情况	监视器运行灯亮,无任何报警	目测	
	6	充电机运行情况	输入指示灯亮,正常指示灯亮,各充电机电流基本平衡	目测	
	7	1#、2#交流进线开关在合位	在合闸位置	目测	
	8	电池进线开关在合位	在合闸位置	目测	
	9	缺相报警器	灯不亮	目测	
	10	柜内的二次端子接线良好	接线无明显的裸露和松动	目测	
	11	各继电器、接触器情况	无异响、无异味、无电弧	目测	
馈线屏	1	微机绝缘监测仪运行情况	无任何报警	目测	①湿度过大会使绝缘降低而报警,打开后柜进行通风;②继电器运行时间长会导致线圈坏掉;③二次端子松动,接触不良
	2	各监视数据显示情况	控母电压110 V,对地绝缘大于10 kΩ等	目测	
	3	各支路及母线绝缘情况	监测仪可以查找	目测	
	4	正负极不能出现接地现象	正负极电压相加接近0 V	目测	
	5	馈线MCB运行情况	除备用外全部应在合位	目测	
	6	馈线指示灯显示情况	投入的指示灯为红色	目测	
	7	1、2段母线进线开关在合位	在合闸位置	目测	
	8	柜内的二次端子接线良好	接线无明显的裸露和松动	目测	
	9	各继电器、接触器、保险情况	无脱落、无异响、无异味、无电弧	目测	
电池屏	1	蓄电池运行情况	外壳无变形、无漏液、无过滤	目测	蓄电池漏液,且蓄电池的温度过高,确认后更换蓄电池
	2	室内温度情况	5~30 ℃	目测	
	3	蓄电池间的连接情况	连接处无氧化现象、连接紧固	目测	
	4	蓄电池的电压情况	单个电压:12 V,不小于10.8 V;2 V,不小于1.8 V	目测	
	5	柜内环境情况	干净、干燥	目测	

设备名称	序号	巡检项目	巡检标准	检测方法	常见故障处理
变压器	1	引出线、电缆接头连接良好、无过热	视觉、听觉、嗅觉	看、听、闻	温度报警,加强巡视。向电调报告情况
	2	接地部分良好	无松动	目视	
	3	无异常声音	视觉、听觉、嗅觉	看、听、闻	
	4	温控箱运行及温度情况	显示正常,温度在报警前超过90 ℃应加巡视	目视	
	5	架构稳定、外壳干净、无锈现象	无倾斜,无严重积尘及油浊	目视	
	6	绝缘无破损等	观察是否有裂缝、膨胀等	目视	
	7	电压器、电缆连接处、绝缘子等无放电现象	在昏暗的情况下观察是否有电弧	目视	
	8	变压器上方以及附近是否有安全隐患	影响设备正常运行的危险源	目视	
低压开关	1	PLC运行情况	运行正常	目视	各指示灯坏,确认后更换。各表计坏,确认更换
	2	开关运行情况	运行正常	目视	
	3	母联开关PLC运行情况	运行正常	目视	
	4	母联开关自投功能投入	切换开关指向投入位	目视	
	5	确认母联开关合闸准备	蓝色灯亮	目视	
	6	电容柜无异常、无过热、无电弧	视觉、听觉、嗅觉	目视	
	7	电容排气扇	正常远转,无异常	目视	
	8	一、二次端子连接紧固、整齐无过热	无裸露和松动现象	目视	
	9	各开关的表计、指示灯指示情况	显示正常,电流表指示针无满偏现象	目视	
	10	各继电器、接触器运行情况	无异响、无异味、无电弧	目视	
	11	确认全部当地、远方转换开关在远方	切换开关指向远方位	目视	
	12	确认全部电机储能情况	SPRING指向为CHARGED	目视	
	13	所有低压开关转换开关的位置	确认它们全部位于远方位	目视	
	14	进线开关显示面板是否正常	无报警记录,无异常记录	目视	
	15	信号、屏蔽门、AFC、消防等重要开关	确认其回路运行正常	目视	

续表

设备名称	序号	巡检项目	巡检标准	检测方法	常见故障处理
30 kV 开关柜	1	综合保护装置运行情况	无异常声响、无过热,无红色报警灯	目测	综合保护装置显示故障,确认后更换
	2	综合保护装置中 ALARMS(报警)栏无报警信号	无红色报警灯	目测	
	3	综合保护装置中故障报告	无新的故障报告记录	目测	
	4	综合保护装置液晶屏显示情况	画面清楚,单线图正确	目测	
	5	综合保护装置显示各测量值是否正常,有无零序电流	I1、I2、I3 平衡,I0 为零	目测	
	6	断路器、隔离开关显示位置与实际相符	位置传感器灯亮未到位	目测	
	7	确认全部当地/远方转换开关在远方位	Control mode 为 REMOTE	目测	
	8	母联自投功能投入	母联转换开关位置位投入	目测	
	9	柜内的二次端子接线良好	接线无明显的裸露和松动	目测	
	10	各小开关、接触端口情况	无脱落、无过热	目测	
	11	光纤收发器运行情况	光纤坚固,运行正常	目测	
	12	综合保护装置线路差动保护继电器运行	红色 LED 亮,无红色报警灯	目测	
DC 1 500 V 开关柜	1	各柜 SEPCOS 运行情况	各指示情况符合要求	目测	各指示灯坏,确认后更换
	2	各表计、指示灯显示情况	有电流、电压	目测	
	3	负极柜接触良好、隔离开关分合完全到位	闭锁到位	目测	
	4	绝缘安装板无破损	视觉	目测	
	5	确认全部当地/远方转换开关在远方位	转换开关在 REMOTE 位	目测	
	6	柜内的二次端子接线良好	接线无明显的裸露和松动	目测	
	7	柜内环境良好	无明显的过热或潮湿	目测	
	8	各指示灯显示情况	各指示灯与运行对位	目测	

设备名称	序号	巡检项目	巡检标准	检测方法	常见故障处理
整流器柜	1	绝缘子无积尘，无破损，无裂纹	视觉	目测	各柜照明开关坏，确认后更换照明开关。电压、电流表坏，确认后更换
	2	电气连接紧固，接触良好，无过热	视觉	目测	
	3	快速断路器指示	无弹出	目测	
	4	吸收装置的电阻、电容正常，无膨胀或放电痕迹	视觉、听觉、嗅觉	目测	
	5	故障显示模块指示情况	无任何显示	目测	
	6	电流、电压显示情况	电压为 1 000～1 800 V	目测	
	7	各种保护投入状态	二次电源投入	目测	
	8	各柜门能紧闭状态	照明电源正常	目测	
轨电位柜	1	LOGO 运行情况	I4、I5 有输入，Q2、Q3、Q4、Q6、Q7 有输出	目测	计数器坏，确认后更换
	2	各继电器、接触器触头运行情况	无异响、无异味、无电弧	目测	
	3	电流、电压表指示情况	分闸状态时电流为零，电压小于 90 V	目测	
	4	无故障显示情况	FAULT、RESET 灯亮	目测	
	5	柜面指示灯情况	分闸时 OFF 绿灯亮，合闸时 ON 红灯亮	目测	
	6	是否动作过	计数器有无新记录	目测	
设备房	1	冷水机组、风管无漏水情况	无漏水情况	目测	风管漏水，室内温度过高，报有关部门处理。所内卫生差，通知卫生区负责人搞卫生
	2	设备房门向外的挡鼠板情况	无损坏	目测	
	3	室内温度是否过高	低于 30 ℃	目测	
	4	日光灯照明情况	全部都亮、无烧毁	目测	
	5	所内卫生情况	地面、开关柜、开关插座、风口、配电箱、应急灯、灭火器、电话机、桌子、椅子表面无积尘	目测	

续表

设备名称	序号	巡检项目	巡检标准	检测方法	常见故障处理
电缆层	1	电缆层有积水	无积水	目测	电缆层有积水,组织人员进行抽水,无法处理时报有关部门处理
	2	电缆是否损坏、电缆是否松动	无损坏、无松动	目测	
	3	电缆层是否有鼠迹和虫害	无鼠迹和虫害	目测	
	4	电缆层是否有放热等异常迹象	无发热等异常迹象	目测	
	5	电缆外层接地及导引线是否正常	正常	目测	
	6	电缆终端头是否正常(日常/红外线)	正常	目测	
消防器具状况	1	应急灯正常使用	灯泡无烧毁、失电即亮	目测	灭火器、防毒面具过期,检查确认后及时更换
	2	各设备房之间的门紧闭	紧闭、无损坏	目测	
	3	自动消防系统情况	确认无人时应处于自动位	目测	
	4	消防器具放置情况	放置位置适当、无歪斜、无脱落	目测	
	5	气体灭火系统应急按钮	安装牢固、加封完整、标识完整	目测	
	6	气体灭火系统探头及护管	闪光、安装牢固、管卡无脱落	目测	
	7	灭火器	气压或质量正常、放置或挂置良好	目测	
	8	空气呼吸器	气压正常、放置良好	目测	
	9	防毒面具	放置或挂置良好,密封完整	目测	
	10	消防栓	栓箱门开启无异常、无漏、水带无破损、水枪配套、阀门不锈蚀、箱体内外不锈蚀	目测	
	11	室内消防管固定卡	安装牢固、无脱漆锈蚀	目测	
	12	自动喷头	安装牢固、无遮挡	目测	
	13	电源线路护管及开关	安装牢固、配线整齐、线头不松动	目测	
	14	防火门	检查数量、影响使用、无变形、无损坏、联动无异常、无缺少配件	目测	

续表

设备名称	序号	巡检项目	巡检标准	检测方法	常见故障处理
消防器具状况	15	防火卷帘	检查数量、无变形、无损坏、联动无异常、无缺少配件	目测	灭火器、防毒面具过期，检查确认后及时更换
	16	疏散指示标志	检查数量、无缺少、无指示错误、无损坏	目测	

3）日常电量抄录及分析

（1）电量抄录目的

电量抄录的目的是了解所有设备用电情况，分析不同负荷用电量情况，为进一步节能降耗提供历史数据。

（2）电量抄录内容

主所电量抄录：110 kV 两路进线总电量抄录，记录本供电区段所有设备用电量。

正线设备电量抄录：30 kV 馈线电量抄录，0.4 kV 部分重要负荷电量抄录，具体根据各条线路要求进行抄录。

（3）安全注意事项

①巡检人员应穿着工作服，佩戴工牌，穿着绝缘鞋，进入变电所内时必须将消防打至手动位。

②巡检过程中，注意与带电物保持一定距离，手腕上不要佩戴金属物品，以免触电。

③在使用试电笔对设备进行检测时，手指不能触摸笔杆前端金属部分，以免触电。

④设备房内禁止抽烟。

⑤巡检作业时禁止违章操作。

⑥进入高压设备室必须戴安全帽。

⑦有关通信器材如（手机）不得带进高压设备室。

⑧巡检人员不得随便打开变压器的防护栅门。

⑨进入侧面屏蔽门里面所设的变电所时，必须等车辆过去后才能打开侧面屏蔽门。

⑩离开本站变电所后必须将门锁好，消防打回自动位。

4）验电接地方法

（1）验电

①高压设备验电时，必须由两人同时进行作业，操作人和监护人安全等级分别不低于二级和三级，均必须穿绝缘靴和戴安全帽，操作人还要戴绝缘手套。

②验电时，应使用相应电压等级且合格的验电器。验电前，要将验电器先在有电的设备上试验确认良好，然后在停电的设备上验电，最后再在有电的设备上复验一次，验电时对被检验设备的所有引入、引出线均要检验。如果站在绝缘物体上验电，不接地线验电器不能指示者，可在验电器绝缘杆尾部接上接地线。30 kV 的 GIS 组合电器必须用专用的验电氖灯插入电容式感应设备插座进行测试。110 kV 进线用万用表测量进线单相 PT 的电

压确认。

③高压验电时,验电器的伸缩式绝缘棒长度应拉足,验电时手应握在手柄处不得超过护环,人体应与被验电设备保持足够安全距离。雨雪天气时不得进行室外直接验电。

④表示断路器、开关分闸的信号以及常设的测量仪表显示无电时,仍应通过验电器检验设备是否停电,若验明有电,则禁止在该设备上作业。

⑤表示设备断开和允许进入间隔的信号、经常接入的电压表等,如果指示有电,则禁止在设备上工作。

（2）接地

①高压设备装设或拆除接地线时,必须两人同时进行作业,操作人和监护人安全等级分别不低于二级和三级,均必须穿绝缘靴、戴安全帽,操作人戴绝缘手套。

②接地前,必须对所有需要接地的电气设备进行验电,确认无电后方可接地。

③对于有可能送电至停电作业设备上的有关部分均要分别装设接地线（合接地刀闸）。在停电作业的设备上如可能产生感应电压且危及人身安全时应增设接地线。所有装设的临时接地线与带电部分应保持规定的安全距离,并应装设在作业人员可见到的地方。

④当变电所停电时,在可能来电的各路进出线均要分别验电并分别装设接地线（合接地刀闸）。当部分停电时,若作业地点分布在电气设备不相连的几个部分时,则各作业地点应分别验电接地。

⑤室内配电装置的接地线应装在该装置导电部分画有标志的固定接地端子上。配电装置的接地端子要与接地网相连,其接地电阻须符合规定。

⑥当验明设备确实已经停电后,则要及时装设接地线,顺序如下:

a.对于35 kV的GIS组合电器应先合接地刀闸,然后合断路器予以接地,并加机械锁;在变压器本体进行停电作业时,还必须在变压器本体的电源进线桩头上加挂地线。

b.对于临时接地线,应先接接地端再将另一端通过接地杆接在停电设备裸露的导电部分上;拆除接地线时,其顺序与装设时相反。

c.电缆及电容器接地前应逐相充分放电,星形接线电容器的中性点应接地,串联电容器及与整组电容器脱离的电容器应逐个放电,装在绝缘支架上的电容器外壳也应放电。

d.接地线须用专用线夹,连接牢固,接触良好,严禁缠绕。

⑦接地线要采用截面积不小于25 mm²（直流系统用不小于70 mm²）的裸铜软绞线,且不得有断股、散股和接头。禁止使用其他导线作接地线。

⑧根据作业的需要（如测量绝缘电阻时）必须短时拆除接地线时,工作领导人可以将妨碍工作的接地线短时拆除,该作业完毕后,要立即恢复。进行需拆除接地线的作业时,必须设专人监护,其安全等级:作业人员不低于二级,监护人不低于三级。

5）安全防护用具正确使用

在日常生产任务过程中,为了保障人身安全,正确使用安全防护用品尤为重要。

常用安全防护用品包括:安全帽、绝缘手套、绝缘鞋、安全带,见表2.15。

表 2.15 常用安全防护用品使用说明

防护用品名称	使用要求	储存及保养
安全帽	①佩戴前,应检查安全帽各配件有无破损,装配是否牢固,帽衬调节部分是否卡紧,插口是否牢靠,绳带是否系紧等,或帽衬与帽壳之间的距离不为25~50 mm,应用顶绳调节到规定的范围,确信各部件完好后方可使用。 ②根据使用者的头大小,将帽箍长度调节至适宜位置(松紧适度)。高空作业人员佩戴的安全帽,要有颏下带和后颈箍并应拴牢,以防帽子滑落与脱掉。 ③安全帽在使用时受到较大冲击后,无论是否发现帽壳有明显的断裂纹或变形,都应停止使用,更换受损的安全帽	①安全帽不应贮存在酸、碱、高温、日晒、潮湿等处,更不能和硬物放在一起。 ②塑料帽的使用期不超过两年半。玻璃钢橡胶帽不超过三年半。 ③帽壳与帽衬可用冷水、温水(低于50 ℃)洗涤。 ④可以的话每月清洗一次,去除安全帽内外的灰尘、汗水、油迹和化学物质。 ⑤安全帽浸泡在柔性肥皂温水中清洗,再用清水漂净
绝缘手套	①绝缘手套使用前应仔细检查,观察表面是否有破损,采取简易办法是向手套内吹气,用手捏紧套口,观察是否漏气,若漏气则不能使用。 ②绝缘手套应定期检验电绝缘性能,不符合规定的不能使用。 ③使用手套前取下戒指、手表、手镯等可能刮坏手套的物品。 ④旋转动力设备周围禁止使用手套	①绝缘手套用后应冲洗干净、晾干,保存时避免高温,并在制品上撒上滑石粉以防粘连。 ②手套正面朝上储存于干净、阴凉、干燥、通风的地方
绝缘鞋	①耐电压 10 kV 以下的电绝缘鞋适用于工频电压 1 kV 以下的作业环境;耐电压 10 kV 以上的电绝缘鞋适用于工频电压 1 kV 以上的作业环境。 ②穿用电绝缘鞋时,其工作环境应能保持干燥。 ③穿用电绝缘鞋时,应避免接触锐器及高温、腐蚀性物质,防止鞋受到损伤影响电性能,凡帮底有腐蚀、破损之处,不能以电绝缘鞋穿用	电绝缘鞋应保存至干燥环境,不能放至潮湿处
安全带	①悬挂安全带不能低挂高用。 ②使用围杆安全带时,围杆绳上有保护套,不允许在地面上随意拖着绳走,以免损伤绳套影响主绳。 ③使用安全绳时,不允许打结,以免发生坠落受到冲击力大,对人体伤害也大。 ④当单独使用 3 m 以下的长绳时,应考虑补充措施,如在绳上加缓冲器、自锁钩或速差式自控器等	安全带使用期为 3~5 年,发现异常应提前报废

复习题

1.简述变压器的基本工作原理。

2.DC 1 500 V 开关柜日常巡检时应注意哪些?

3.直流进线柜和馈线柜分别设置了哪些保护?

4.整流器的额定交流输入电压、额定直流输出电压是多少?采用哪种冷却方式?

5.设备倒闸操作的基本原则是什么?(以 30 kV GIS 开关柜为例)

2.2 中级工理论知识及实操技能

2.2.1 专业知识

1)126 kV GIS 三工位结构特点

隔离开关和接地开关采用三工位结构:

三工位开关共用一套分合装置,有效地实现了三相机械联锁。该开关操作机构紧凑、精巧、操作简单,机构运行可靠性高,机械寿命可达 5 000 次以上。

隔离开关具有开合母线转换电流、小电容电流和小电感电流的能力。转换电流为 1 600 A,转换电压为 100 V,开断次数为 150 次,开合小电容电流值为 2 A,开合小电感电流值为 1 A。

当动触头处于隔离开关的合闸位置时,接地开关就不能合闸;组合在一起的隔离开关和接地开关实现机械联锁;当接地开关处于合闸时,隔离开关必须分闸。这种三工位开关完全不能出现误操作。

快速接地开关采用电动弹簧操作机构,具有关合容性电源、感性电流和短路电流的能力。

2)30 kV GIS 保护配置及测量要求

(1)保护配置及测量要求见表 2.16

表 2.16　继电保护配置表

被保护装置	保护配置	备　注
30 kV 进线开关	①光纤差动保护 ②过电流保护 ③零序过电流保护	电缆头应在差动保护的保护范围内。差动主保护与后备过流及零序保护采用单独的两套保护装置
30 kV 出线开关	①光纤差动保护 ②过电流保护 ③零序过电流保护	电缆头应在差动保护的保护范围内。差动主保护与后备过流及零序保护采用单独的两套保护装置

被保护装置	保护配置	备 注
30 kV 母联开关	①限时电流速断保护 ②零序过电流保护	
30 kV 馈线开关柜 （接整流机组）	①电流速断保护 ②过电流保护 ③过负荷保护 ④零序过电流保护 ⑤变压器温度保护 ⑥整流器内部保护 ⑦失灵保护 ⑧反时限过电流保护	变压器温度保护、整流器二极管保护均为接收外部接点信号
30 kV 馈线开关柜 （接动力变压器）	①电流速断保护 ②过电流保护 ③过负荷保护 ④零序电流保护 ⑤变压器温度保护 ⑥失灵保护	变压器温度保护为接收外部接点信号

（2）测量与计量设置表（表 2.17）

表 2.17　测量与计量表

测量对象	电流	电压	有功功率	无功功率	有功电度	无功电度
30 kV 进、出线	√				√	√
30 kV 母线		√				
30 kV 母联	√				√	
35/0.4 kV 变压器	√	√	√		√	
整流机组	√	√	√		√	

注：主变电站保护、测量、计量在主变电站保护测控标内。

3）变压器的基本原理及损耗

（1）原理分析

图 2.37 是变压器的原理简图，当一个正弦交流电压 U_1 加在初级线圈两端时，导线中就有交变电流 I_1 并产生交变磁通 φ_0，它沿着铁芯穿过初级线圈和次级线圈形成闭合的磁路。在次级线圈中感应出互感电势 U_2，同时 φ_1 也会在初级线圈上感应出一个自感电势 E_1，E_1 的方

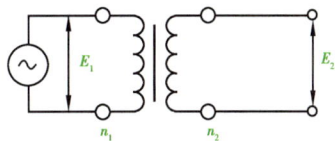

图 2.37　变压器原理简图

向与所加电压 U_1 方向相反而幅度相近,从而限制了 I_1 的大小。为了保持磁通 φ_0 的存在就需要有一定的电能消耗,并且变压器本身也有一定的损耗,尽管此时次级没接负载,初级线圈中仍有一定的电流,这个电流称为"空载电流"。如果次级接上负载,次级线圈就产生电流 I_2,并因此产生磁通 φ_2,φ_2 的方向与 φ_0 相反,起了互相抵消的作用,使铁芯中总的磁通量有所减少,从而使初级自感电压 E_1 减少,其结果使 I_1 增大,可见初级电流与次级负载有密切关系。当次级负载电流加大时 I_1 增加,φ_0 也增加,并且 φ_0 的增加部分正好补充了被 φ_2 所抵消的那部分磁通,以保持铁芯里总磁通量不变。如果不考虑变压器的损耗,可以认为一个理想的变压器次级负载消耗的功率,也就是初级线圈从电源取得的电功率。变压器能根据需要通过改变次级线圈的圈数而改变次级电压,但是不能改变允许负载消耗的功率。

(2)变压器的损耗

当变压器的初级绕组通电后,线圈所产生的磁通在铁芯流动,因为铁芯本身也是导体,在垂直于磁力线的平面上就会有感应电势,这个电势在铁芯的断面上形成闭合回路并产生电流,好像一个旋涡,所以称为"涡流"。这个"涡流"使变压器的损耗增加,并且使变压器的铁芯发热、变压器的温升增加。由"涡流"所产生的损耗称为"铁损"。另外,要绕制变压器需要用大量的铜线,这些铜导线存在着电阻,电流流过时,这些电阻会消耗一定的功率,这部分损耗往往变成热量而消耗,我们称这种损耗为"铜损"。变压器的温升主要由铁损和铜损引起。由于变压器存在着铁损与铜损,所以它的输出功率永远小于输入功率,为此我们引入了一个效率的参数来对此进行描述,$\eta =$ 输出功率/输入功率。

(3)变压器的几个重要计算公式

一、二次绕组的端电压之比等于感应电压之比等于匝数比:

$$U_1/U_2 = N_1/N_2 = k$$

流过一、二次绕组的电流之比等于匝数比的反比。

三相绕组的主要连接方式:星型接法(Y 接),三角型接法(D 接),曲折型接法(Z 接)。

①星型接法。

$$I_1/I_2 = N_2/N_1$$

线电流 = 相电流,即 $I_A = I_A\varphi$

线电压 $= \sqrt{3} \times$ 相电压,即 $U_A = \sqrt{3} \times U_a\varphi$

②D 型接法。

线电压 = 相电压,即 $U_A = U_A\varphi$

线电流 $= \sqrt{3} \times$ 相电流,即 $I_A = \sqrt{3} \times I_A\varphi$

4)1 500 V 直流设备专业知识

(1)整流器的保护

①快速熔断器保护:每只整流二极管串联一个快速熔断器,当二极管失去单向性能时产生变压器二相短路,回路中将产生短路电流,此时熔断器熔断,将故障进行隔离。

②交流侧过电压保护:压敏电阻、特种熔断器。交流侧过电压保护由交流侧的氧化锌压敏电阻实现,防止交流侧开关操作或变压器感应产生过电压,将过电压抑制在 3 000 V以下。

③直流侧过电压保护:在直流侧加装 RC 过电压抑制回路和放电回路,防止直流快速

断路器开合时产生操作过电压损坏二极管,并在整流器输出端并联一个压敏电阻,抑制残余的过电压。

④温度保护:在整流器预测最热处设置温度传感器元件。在整流器预测温度最高的元件散热器或铜母排上设置温度传感器元件,用于监视元件散热器或铜母排的温度,并由温度继电器发出信号。

⑤逆流保护:每桥臂串联一只电流传感器。对于内部短路故障,整流器还设置反映反向电流的逆流保护,当发生逆流且熔断器不能保护时,该保护能快速发出跳闸信号。逆流保护由逆流电流传感器和逆流保护模块组成。

(2)进线柜、负极柜的连锁关系

负极柜是连接于整流器阀侧负极与回流钢轨之间的开关设备。

负极柜采用手动隔离开关,开关柜前、后均设可锁住的金属门。采用电磁锁方式实现负极柜中手动隔离开关与对应的 DC 1 500 V 进线柜中的电动隔离开关和 35 kV 断路器之间的闭锁,只有当对应的 DC 1 500 V 进线柜中的电动隔离开关和 35 kV 断路器同时处于分闸位置时,负极柜手动隔离开关才能操作;只有当负极手动隔离开关处于合位时,DC 1 500 V 进线柜中的电动隔离开关才能合闸。全所设一套低阻抗框架泄漏保护装于负极柜内,对泄露故障进行保护。框架泄漏保护由一个电流元件和一个电压元件组成,电压元件采用钥匙型投入/切除选择开关实现当地投入/切除功能,并可分别整定为报警和跳闸二段。框架保护动作跳闸后,闭锁被跳开的断路器和 DC 1 500 V 进线柜中的电动隔离开关的合闸。只有当故障消失,当地复归框架保护后,断路器和 DC 1 500 V 进线柜中的电动隔离开关才能合闸。框架保护的动作信号可在当地/远方显示。负极柜内设置一套用于信息(隔离开关位置、框架保护动作等)采集及与综合监控系统通信处理设备进行通信的 PLC 监控单元,具有与当地 PC 机(调试维护用)和所内综合监控系统进行通信的两个独立的标准通信接口,可采用控制/保护功能一体化设备。

负极柜中手动隔离开关将采用电气联锁的方式与对应的 DC 1 500 V 进线柜中的电动隔离开关和 30 kV 交流断路器之间进行闭锁,并实现负极柜中手动隔离开关与对应的 DC 1 500 V 进线柜中的电动隔离开关和 30 kV 交流断路器之间的联锁。

5)0.4 kV 开关柜

(1)母联备自投原理

正常时运行时,母联断路器断开,两路电源同时运行,共同向本所承担的负荷供电。单台变压器的负载率<70%。

当一台变压器退出运行,断开进线断路器,切除三级负荷,母联断路器合闸,由另一台变压器向本所全部一、二级负荷供电。变压器的负载率≤100%。

进线开关、母联开关设置自动投入装置,开关间要实现联锁,保证在任何情况下不得三台开关同时处于合闸状态(母线故障不允许母联自动投入)。

两台进线开关和三级负荷总开关(三级负荷开关)间要实现联动。任何一台进线电源故障时,断开两段母线上的三级负荷总开关(三级负荷开关)后,母联开关才能合闸;当进线电源恢复正常,母联开关断开后,三级负荷总开关才能合闸。

当母线分段回路设置的远方/就地选择开关置于"就地"时,全系统 5 台断路器均为手动按钮操作;反之,当母线分段回路设置的远方/就地选择开关置于"远方"时,全系统 5 台断路器均为自动操作。遥控操作模式被包括在自动模式中。

（2）0.4 kV 开关柜的保护设置见表 2.18

表 2.18　0.4 kV 开关柜的保护设置表

内容项目	瞬时短路保护	短延时短路保护	长延时过负荷保护	失压保护	接地保护
0.4 kV 进线		√	√	√	√
0.4 kV 母联		√	√		
0.4 kV 馈线	√	√	√		√
至环控室馈线	√	√	√		√
三级负荷总开关	√	√	√（带分励脱扣）		
电容补偿柜	√		√		

6）交直流系统

（1）系统组成及运行方式

A 型：直流系统由两套充电模块、两组蓄电池、馈线空气开关、两套微机绝缘监测装置及两套智能监控单元等组成。

B 型、C 型：直流系统由一套充电模块、一组蓄电池、馈线空气开关、直流母线自动（手动）调压装置（调压装置按主备两套配置）、微机绝缘监测装置及智能监控单元等组成。

充电单元选用高频开关电源充电模块，A 型装置采用（2N+2）（每一组充电机采用 N+1）、B 型和 C 型装置采用（N+1）热冗余方式并联组合供电。

A 型盘选用 10 A 规格的模块，模块数量为 10 块，B 型盘和 C 型盘优先选用 10A 规格的模块，B 型盘模块数量为 5 块，C 型盘模块数量为 4 块。

充电单元的交流侧由所内交流电源装置（交流盘）引入两路三相 AC 400 V 电源，两路进线电源互为备用，并设置进线电源自动投切装置。正常供电时，充电单元对蓄电池组进行充电或浮充电，同时为全所的经常性直流负荷提供电源，由蓄电池向冲击负荷供电。交流失电后，由蓄电池向所内全部负荷包括经常性负荷和冲击负荷供电。直流母线采用单母线分段。

交流电源装置由变电所 0.4 kV AC 两段母线分别引入一回电源，作为交流屏的进线电源，两路进线电源分别给两段母线供电，两段母线之间设联络开关。系统正常时，母联开关断开；当任意一路进线电源失电时，母联开关合上，保证两段母线一直有电。交流输出电压为 220/380 V AC。

（2）蓄电池

蓄电池采用胶体型，此种蓄电池为强化加厚涂膏式正极板和用新式生极板内化成工艺特殊生产，电解液采用独特的含磷酸气相二氧化硅凝胶配方，内阻低，大电流放电性能优异，30% 放电深度的循环次数不低于 1 200 次。

A 型盘共 104 节,分为两组,每组 52 节。标称电压 2 V。

B、C 型共 9 节。标称电压 12 V。

2.2.2 专业技能

1)126 kV GIS 维护与保养

(1)日常巡检

该项目巡检周期为日巡。检查断路器设备外部有无异常,设备的表计、位置指示是否正常;设备运行有无异常声音等。日常巡检要求:

①保证 GIS 室的内部环境是通风的,且至少有 18% 的含氧量才能进入。在出现特殊情况时,必须证实氧气和通风水平能克制引起窒息的 SF_6 和浓烟的前提下方可让人进入。

②只有通过审核的操作人员才能进行日常巡检工作。

③巡视人员在 GIS 室巡视时,应该严格按工作规范执行。

(2)定期检查维护

定期检查和维护的周期为 5 年,且检查和维护必须在断路器退出运行且弹簧机构处于释能状态的条件下,其检查维护的项目如下:

①机械润滑。在定期检修期间的润滑是必要的,重新加润滑剂时需要先清理旧的润滑剂,再加新的润滑剂,这样的工作一般需要 20 年的运行或操作 3 000 次后再进行。

②操作特性检测。检查断路器的机械操作特性和高、低操作电压下的操作功能,测量断路器本体内的 SF_6 微水含量、回路电阻等;同时检查装配螺钉、螺栓等标准固件是否有松动现象,操作机构中重要的零部件出现问题时需进行更换。

(3)隔离、接地开关的检查和维护

隔离开关和接地开关的检查和维护由日常巡检、定期检查和特殊检查组成。日常巡检应该每天或隔几天进行,主要项目是观察设备的外观有无变化(GIS 的壳体有无变形、有无锈蚀产生等),观察隔离、接地开关的位置和操动机构的机械指示是否正确、统一等;每次巡检要记录计数器的数据,是否与实际的操作次数吻合等。

2)主变压器的日常维护及简单处理方法

(1)主变压器日常巡视工作

①检查变压器声音是否正常。

②检查油枕和充油套管的油位、油色是否正常,各部位有无渗漏油现象。

③检查变压器的油温是否正常。

④检查变压器套管是否清洁,有无破损、裂纹和放电痕迹。

⑤检查引线接头接触是否良好,各引线接头应无变色、过热、发红等现象。

⑥检查呼吸器是否正常完好,硅胶是否有变色现象,如果硅胶失效应及时更换。

⑦检查防爆隔膜应完好无破裂。

⑧检查变压器的冷却器是否运行正常,油泵运行是否正常,有无异声异响。

⑨检查气体继电器内有无气体。

⑩检查变压器铁芯接地线和外壳接地线,接地应良好,无断线。

⑪检查调压分接头位置是否正确,调压挡位是否正常。

（2）主变压器运行中声音异常的检查处理

①正常运行的变压器发出的"嗡嗡"声音是连续均匀的,如发生的声音不均匀或有特殊的响声,应视为不正常现象。

②检查电流电压表的指示是否有过电压、过电流,变压器是否有过负荷。

③检查变压器是否有放电声和异常声、套管有裂纹、接头接触不良,若变压器的内部放电,则是变压器不接地的部件静电放电,或分接开关接触不良。

④若变压器的声音夹杂有水沸声且温度急剧变化,油温升高,则应判断为由变压器绕组发生内部故障,或分接开关接触不良引起严重过热,这时应立即停止变压器运行。

⑤若变压器声音中夹杂有不均匀的爆裂声则是由变压器内部或表面绝缘击穿引起,此时应将变压器停用并对其检查。

⑥若检查变压器内部无任何故障,则可能是高次谐波的作用,此时可停止变压器运行,待一段时间后再投入运行。

⑦变压器发生故障并退出运行时,如果没有进行检查试验,不得投入运行。

（3）主变压器颜色、气味异常的检查处理

①检查 PC 是否有故障报警跳闸信号,如有载调压故障。

②检查是否由于长期阴雨天气湿度较大、吸湿过快引起。

③检查呼吸器是否安装不良,有无裂纹、破损。

④检查附件电源线或二次线是否老化损伤。

⑤检查有载调压控制箱内接触器、变压器保护箱内继电器等是否烧损而产生焦臭味。

（4）变压器事故跳闸的处理原则

①检查相关设备有无过负荷问题。

②若主保护(瓦斯、差动等)动作,未查明原因并消除故障前不得送电。

③如只是过流保护动作,检查主变无问题可以试送电。

④变压器故障跳闸后应先通知电调和上级部门,先切换运行方式,然后再检查跳闸原因。

⑤如因线路故障,保护越级动作引起变压器跳闸,则故障线路开关断开后,可立即恢复变压器运行。

（5）差动保护动作的检查处理

①复归音响信号,记录好保护的动作情况,并立即报告有关调度和部门。

②经过调度和上级同意,切换运行方式。

③检查是否有人误动。

④迅速检查瓦斯继电器是否有气体,主变油色、油温、油位有无异常。

⑤迅速对主变差动保护范围内及站内一次系统设备进行详细检查。

⑥检查继电保护及二次回路是否正常,直流是否有两点接地。

⑦向调度了解跳闸的同时,判断系统是否由短路故障引起差动保护误动。

⑧拉开主变各侧刀闸,做好安全措施后测量主变的绝缘电阻。

⑨经检查证实是保护误动,如因继电器、二次回路故障或直流接地造成误动,应将差动保护退出运行,恢复主变送电后再处理二次回路故障及直流接地。

⑩如属站外故障引起且故障已消除,内部无故障,经电调和上级同意可对主变空载试

送电一次,正常后恢复送电。如果主变冲击试验时,再次跳闸则不得再送。

⑪如属主变外部、差动范围之内及近区故障引起,应对主变进行直流电阻测试、油化验,合格后,方能对主变进行试送电。

⑫如经各方面检查,属主变内部故障,则必须停电检修,试验合格后才能重新投入运行。

⑬差动保护及重瓦斯保护同时动作使主变跳闸,未经内部检查和试验,不得将主变投入运行。

(6)主变后备保护动作的检查处理(例如过电流保护等)

①检查主变一次侧电缆、126 kVGIS是否发生故障短路。

②检查主变二次侧电缆、30 kVGIS是否发生故障短路。

③检查失电母线上各线路保护继电器动作情况,若有线路保护信号动作,属线路故障。

④检查 PC 机记录,查看是否有其他保护动作。

⑤检查 30 kV 母线及所属母线设备。

⑥过流保护动作跳闸,如果主保护也有动作反映,则应对主变压器本体进行检查。

⑦检查变压器所属二次回路保护是否故障,电流互感器是否故障。

(7)主变本体轻、重瓦斯保护动作的检查处理

①检查 PC 机记录,确认是重瓦斯动作或轻瓦斯动作。重瓦斯动作发出跳闸信号,轻瓦斯动作发出故障报警信号。若轻瓦斯动作,应观察瓦斯继电器动作的次数、间隔时间的长短、气量的多少,检查气体的性质,从颜色、气味、可燃性等判断变压器是否发生内部故障。

②检查是否由于加油、检修工作或冷却系统不密封使空气进入变压器。

③检查是否瓦斯继电器误动作,是否直流回路绝缘破坏、继电器触点劣化。

④若轻瓦斯动作和重瓦斯动作同时出现,应判断为变压器发生故障,因此必须判明继电器内气体的性质,从颜色、气味、可燃性等判断变压器是否发生内部故障,同时要排除二次回路故障的可能性。

⑤若气体有色、有味、可燃,说明内部有故障。

⑥若发生内部故障,必须将故障变压器退出运行,在没有检修试验前,不得将变压器投入运行。

(8)主变油温过高信号动作的检查处理

①复归音响信号,记录好信号的动作情况,并立即报告有关部门。

②检查主变冷却装置工作是否正常。

③检查保护二次回路及温度计是否正确工作,若由于二次回路或温度计异常引起,应尽快消除缺陷。

④若由于主变负荷过重及环境温度过高引起,应立即采取措施,加强对变压器的巡视,做好记录,并要求调度调配负荷。

(9)主变压器分接开关绕组故障的检查处理

①检查相应的开关是否动作跳闸,若已跳闸,则停止变压器的运行。

②检查有载调压瓦斯继电器内的气体是否呈灰白色或蓝色,跳闸回路是否动作。

③检查油温是否升高,绕组温度和油温保护是否动作。

④检查压力保护是否动作。

⑤测直流电阻是否正常。

⑥用摇表测绕组对油箱的绝缘电阻是否正常。

⑦若瓦斯继电器、压力保护、过流保护均发生动作,安全气道爆炸,则为变压器内部严重故障,应禁止变压器再投入运行。

⑧检查变压器是否有放电声和异常声。

⑨必要时吊出变压器身进行检查。

⑩对变压器油进行试验。

（10）主变压器铁芯故障的检查处理

①检查是否瓦斯继电器内有气体,信号回路是否动作,是否油色转黑、有特殊气味。

②检查电压升高时内部是否发生放电声。

③停电后可用直流电流电压法测铁芯硅钢片间绝缘电阻。

④检查紧固件是否牢固。

⑤检查油温度保护是否动作。

（11）主变压器绕组故障的检查处理

①检查相应的开关是否跳闸,若已跳闸,则停止变压器的运行。

②检查瓦斯继电器内的气体是否呈灰白色或蓝色,跳闸回路是否动作。

③检查油温是否升高,绕组温度和油温保护是否动作。

④检查差动保护过流保护是否动作。

⑤测直流电阻是否正常。

⑥用摇表测绕组对油箱的绝缘电阻是否正常。

⑦若瓦斯继电器、差动保护、过流保护均发生动作,安全气道爆炸,则为变压器内部严重故障,应禁止变压器再投入运行。

⑧检查变压器是否有放电声和异常声。

⑨必要时由供电车间技术人员吊出变压器芯进行检查。

⑩对变压器油进行试验。

⑪检查是否有部件因雷击、操作过电压而损坏。

（12）主变压器套管故障的检查处理

①检查相应的开关是否跳闸,若已跳闸,则停止变压器的运行。

②检查油温是否升高,绕组温度和油温保护是否动作。

③检查压力保护是否动作。

④测直流电阻是否正常。

⑤用摇表测绕组对油箱的绝缘电阻是否正常。

⑥若瓦斯继电器、差动保护、过流保护均发生动作,则为变压器套管严重故障,应禁止变压器再投入运行。

⑦检查变压器是否有放电声和异常声,套管是否有裂纹、接头接触是否不良。

（13）主变压器有载调压的几种方式

①通过后台 PC 机进行远方操作。

②通过主变测控屏调压控制器进行调压操作。

③通过主变有载调压开关进行当地电动或手动操作。

（14）主变压器检修和维护时的注意事项

①维护安全注意事项。

a.尽量避免带电作业，必须带电作业时应采取切实可靠的安全措施。

b.带电作业至少应有两人，一人作业，一人监护。

c.检修完毕后，运行人员必须会同检修人员进行现场交接。

d.各种标示牌、警告牌、安全遮栏等必须齐全可靠，未经许可不得任意搬动。

②检修安全注意事项。

a.检修所用吊装工具、梯子、架子等必须事先进行严格检查，符合规定并认定合格后方可使用。

b.在变压器上部工作的人员，衣裤口袋里不得装带任何物件；不得向下扔掷零部件和工具，变压器作业下方严禁站人，地面辅助人员戴好安全帽，防止高空坠物砸伤，作业结束应由专人清点好工具。

c.现场临时照明线路绝缘完好，并装设在免受机械损伤的适当场所。

d.注油时，应设专人对变压器进行监视，防止跑油。放油前，应检查储油柜上的注油孔是否打开，安全气道与储油柜的连通管是否畅通。

e.检查处理室外变压器器身时，应设置明显的临时围栏。

f.进行电气试验时，不得在变压器上做与试验无关的工作。

g.对变压器做检修中试验（如测量直流电阻或通电试验）时，严防因感应高压或电弧引燃油纸等物。

3）30 kV 开关柜日常维护及继保校验

（1）设备日常维护

①加强日常巡检，设备正常运行时应无异声异响，并无过热现象。

②查看故障指示灯是否正常，隔离开关及断路器分合闸位置是否正确，母线气室和断路器气室 SF_6 气体压力是否正常。

③检查低压室内各端子和接线是否松动，若松动应及时紧固；检查低压室内继电器和接触器是否正常工作，若不能正常工作应及时更换或维修。

④检查断路器及隔离开关/接地刀闸的操作机构是否各部分零件完好，无破损变形生锈，动作灵活可靠；断路器及隔离开关辅助触点应完好无损，接触良好，无积尘，动作指示正常。

⑤检查手动储能装置能否正常进行电气/手动储能，储能指示器是否显示正常，操作机构储能电机是否正常运转，无异声异响，线圈无烧伤受潮，线圈电阻在合格范围以内。

⑥检查清扫绝缘子、引线和接地装置，要求各部分无积尘、污垢，支持绝缘子无破损、裂纹及爬电痕迹；对紧固件进行紧固，要求引线无断股、松股，连接牢固且接地良好。

⑦检查操作机构，用操作手柄对隔离开关/接地开关进行分/合闸操作，操作机构应无卡滞，机械位置指示应与实际操作位置一致。

（2）设备继电保护校验

①检查保护装置标注及接线是否与图纸标注相符，保护装置接线有无断线和短路现

象,保护装置面板各个保护指示灯是否能够正常工作。

②检查各继电器工作是否正常,继电器信号等指示是否正确。

③检查电流互感器及电压互感器接线是否正确并连接牢固。

④核对电流互感器及电压互感器变比等参数是否符合定值要求。

⑤利用继电保护测试仪向电流互感器或电压互感器的二次接线端子送入相应数值的电流或电压,测试差动保护、速断保护、过流保护、零序保护等保护是否正常动作,动作时限和动作值是否符合定值要求,若偏差较大,则应对保护装置进行检查。

4)干式变压器日常维护及简单故障处理

（1）干式变压器的日常维护

为了保证变压器能正常运行,需对它进行定期检查维护。

①紧固件检查。

检查紧固件、连接件是否松动,导电零件有无生锈腐蚀的痕迹,还要观察绝缘表面有无爬电痕迹和碳化现象,必要时应及时通知厂家进行处理。

②清洁。

一般在干燥清洁的场所,每年或更长时间进行一次检查。在其他场合,例如可能有大量灰尘或化学烟雾污染的空气进入时,每3~6个月进行一次检查。检查时,如发现有过多的灰尘或异物聚集,则必须清除,以保证空气流通和防止绝缘击穿。特别要注意用布清洁变压器的绝缘子、下垫块凸台处以及高压线圈外表,并使用干燥的压缩空气吹净通风气道中灰尘。

③绝缘测量。

干式变压器运行若干年(建议5年)后,做绝缘电阻测试和直流电阻测试来判断变压器能否继续运行,一般无需进行其他测试。

（2）故障处理

①受潮处理。

变压器出现进水或凝露,使高、低压绝缘电阻小于3 MΩ/kV或铁芯对地为零等情况之一时,最简单方法是用大灯泡直照进行烘烤,但时间较长,一般需要10天左右。如时间紧可采用短路法,即低压用铜排短路,短路铜排截面与低压出线铜排截面相当,高压可通过不超过阻抗电压的三相电压,如高压10 kV,阻抗为4%或6%,以及高压6.3 kV阻抗6%的产品,高压三相就可通380 V市电进行烘烤。

当绝缘好于以上情况,可采用空载进行烘烤,将高压开路(注意绝缘距离应大于高压绝缘子长度),低压通额定电压(一般产品低压额定电压为400 V,就可以通380 V左右的市电进行烘烤),时间4小时以上就可满足投网条件,但通电时应做防护工作,以免有人闯入。但对于没有浇铸箔式产品,在变压器出现进水或凝露时,无论绝缘电阻多少,都应该采用短路法烘烤2天甚至4天以上。

②噪声处理。

a.检查低压侧输出电压是否高于低压额定电压,如高于额定电压,请确保高压断电情况下,把调压分接头的连接片调至合适的分接挡。

b.检查紧固件及拉杆螺丝是否松动,以及铁芯底部托盘螺丝是否松动。

c.检查带外壳产品上下网板是否振动,在保证安全情况下,按住上下网板看噪声是否消失。

③变压器重大事故处理。

因小动物(如老鼠或蛇)造成变压器接地跳闸,变压器线圈无开裂现象,可将动物拿开,清除线圈表面黑迹(用砂布清除)并刷上绝缘清漆,就可投入运行。如因过载或上部漏水以及不明情况造成变压器烧黑开裂等情况,请立即与厂家联系处理。

5)整流器日常使用维护及故障处理

(1)整流器日常使用维护

①概述。

整流器在供电系统中只是其中一个环节,前面有交流开关接入电网,后面有直流开关接通负载。在通电或断电时,整流器虽然没有直接操作,但在通电前和断电后必须对其进行检查。

②外观检查。

a.依照图纸检查主、辅电路接线正确与否。

b.检查紧固件有无松动、裂纹,目测弹簧垫圈是否压平。

c.检查母线有无过热、氧化发黑等痕迹,过压吸收阻容有无过热烧损现象。

d.检查熔断指示器有无跳出。

e.用毛刷或吸尘器清扫柜下部进风网孔和上部出风网孔的灰尘,清扫电阻、电容、二极管、熔断器、绝缘子、传感器等表面的灰尘。

③元器件检查。

a.用万用表检查各二极管的正反向电阻值有无异常。

b.用万用表或阻容电表检查保护用电阻、电容的参数有无异常,是否接入电路中。

④动作检查。

辅助电路接入电源,检查控制电源是否工作,开门时照明灯是否亮,关门时照明灯是否熄灭。

人工短接同一桥臂的一个熔断器或不同桥臂两个熔断器的辅助触点,用万用表检查端子排有无报警信号输出;短接同一桥臂的两个熔断器辅助触点,检查端子排有无跳闸信号输出;观察液晶显示屏有无故障信息显示。

人工短接测温元件的触点,模拟达到报警、跳闸温度,检查端子排有无报警信号输出。将温度显示仪表投入工作,检查显示温度是否与实际相符。

⑤通电前的检查。

外观检查:按图纸检查主电路和辅助电路接线是否正确;检查所有紧固件是否紧固、弹簧垫圈是否压平;清扫绝缘子、二极管、熔断器、电容器表面的灰尘。

⑥保护显示装置功能试验。

接入电源,检查控制电源是否工作、开门照明灯是否亮、关门照明灯是否熄、DC/DC 开关电源是否工作。

人工短接同一桥臂的一个熔断器或不同桥臂两个熔断器的辅助触点,观察液晶显示屏有无相应熔断器位置显示,检查端子排有无报警信号输出;短接同一桥臂的两个熔断器的辅助触点,观察液晶显示屏有无相应熔断器位置显示,检查端子排有无跳闸信号输出。

人工短接测温元件的触点,模拟达到报警、跳闸温度,检查端子排有无报警信号输出。

将温度显示仪表投入工作,检查显示温度是否与实际相符。

各项试验和检查完成后电路恢复原状,关好前后门,准备升高压。

(2)故障处理见表2.19

表 2.19　整流器故障处理

现象	原因分析		处理方法	备注
报警	快熔损坏	同一桥臂有一只二极管损坏或不同桥臂各有一只二极管损坏	根据液晶显示屏提示信息记录故障二极管	继续运行
	电流传感器±15 V 电源故障	DC 110 V/DC±15 V 电源模块故障	检查电源模块	
	温度超过报警设定值	散热网堵塞或环境温度过高	清扫散热网	
跳闸	快熔损坏	同一桥臂两只二极管损坏	更换二极管	停止运行、进行维修
	温度超过跳闸设定值	二极管超过工作温度或散热网堵塞、散热不利或环境温度过高	检查二极管清扫散热网	

6)SEPCOS 保护装置面板操作

(1)操作面板

SEPCOS-NG 单元显示面板,如图 2.38 所示。

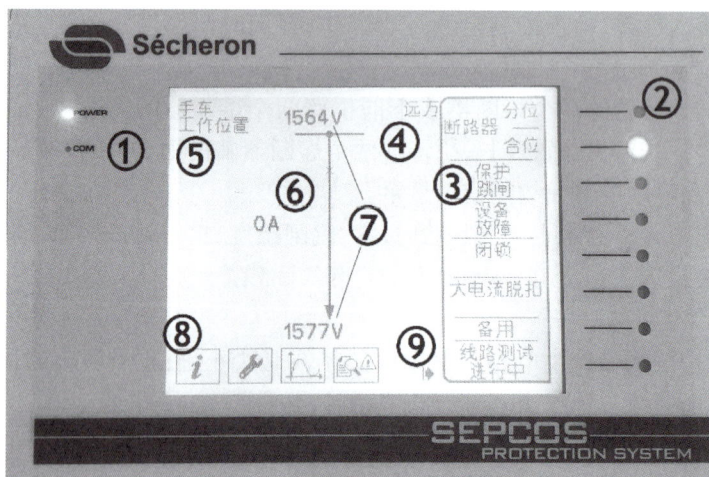

图 2.38　SEPCOS-NG 单元显示面板

①LED 状态;②LED 应用显示;③LED 应用文本信息;④操作模式;⑤HSCB 手车位置;⑥电流指示;⑦电压指示;⑧工具菜单;⑨隐藏功能(LED 文本信息)。

（2）状态 LED

a.辅助电源：绿色的"POWER"LED 灯指示由 SEPCOS-NG 提供的辅助电源的状态。

b.通信 LED：当显示单元与 SEPCOS-NG 进行通信时，黄色的"COM"LED 灯闪烁。

（3）集成的 LED 指示灯信号显示

在显示单元右侧集成有 8 个 LED 指示灯，可配置显示开关柜的断路器分合状态、保护跳闸、设备故障、闭锁、大电流脱扣、备用和线路测试进行中等 8 种状态。

要隐藏 LED 指示灯文本信息，可点隐藏箭头。隐藏模式如图 2.39 所示。

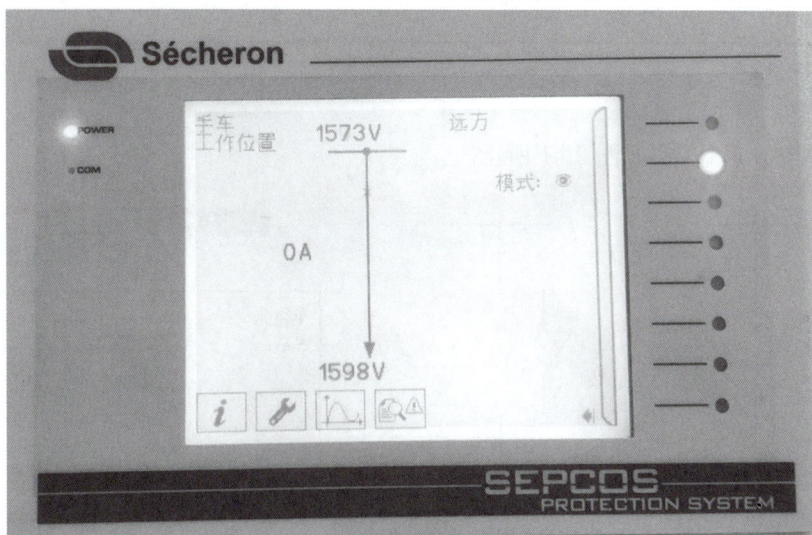

图 2.39　隐藏模式

要展开隐藏的 LED 指示灯文本信息，可点展开箭头。

（4）单元屏幕键盘输入用户密码

使用屏幕键盘输入数值，如保护参数、控制参数、密码，如图 2.40 所示。

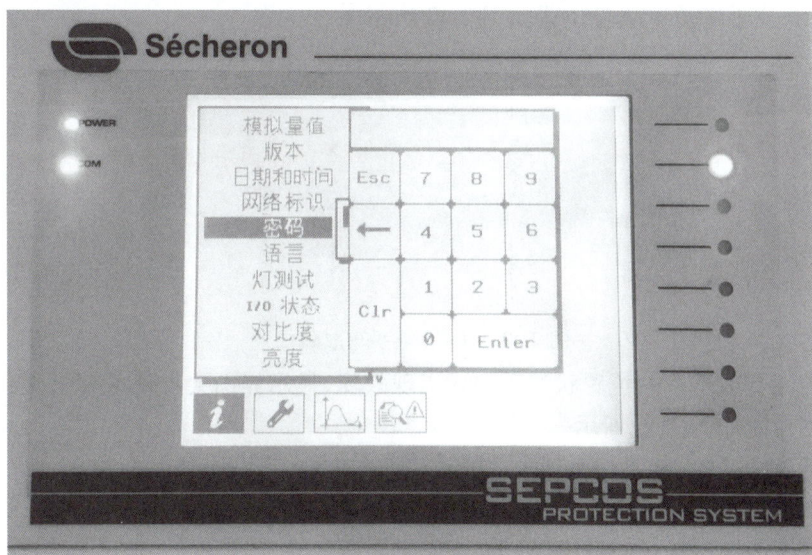

图 2.40　密码键盘

表 2.20   密码键盘及介绍

←	删除	从右边删除数字
Clr	清除	删除所有数字
Esc	退出	退出菜单
Enter	确定	确认修改和返回上一级菜单
0…9	数字	数字

（5）HSCB 手车位置

①工作和试验位置，如图 2.41 所示。

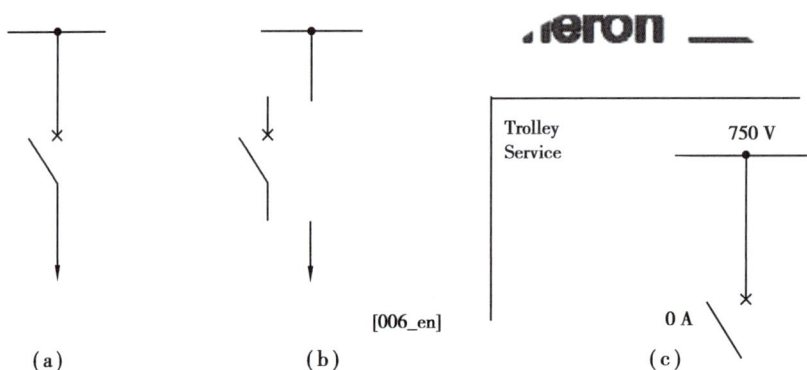

图 2.41   工作和试验位置

图 2.41 中，图（a）HSCB 手车位于工作位置，图（b）HSCB 手车位于试验或退出位置，图（c）显示单元左上角对应的文本信息是根据手车位置的改变而变化。

②HSCB 或手车位置故障位置如图 2.42 所示。

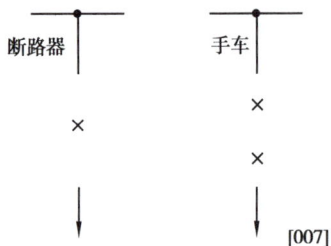

图 2.42   HSCB 或手车故障位置

如果断路器或手车的位置状态丢失或出现故障，显示界面会出现 X 交叉形状。

③控制功能如图 2.43 所示。

要激活这些功能，需要切换到本地模式。

点击图标进入菜单，菜单中出现 ON：断路器合闸，OFF：断路器分闸，RESET：闭锁复位，ON WITHOUTLT：未进行线路测试时断路器合闸

通过触摸屏控制断路器和隔离开关的分合，以及旁路线路测试等命令的操作。

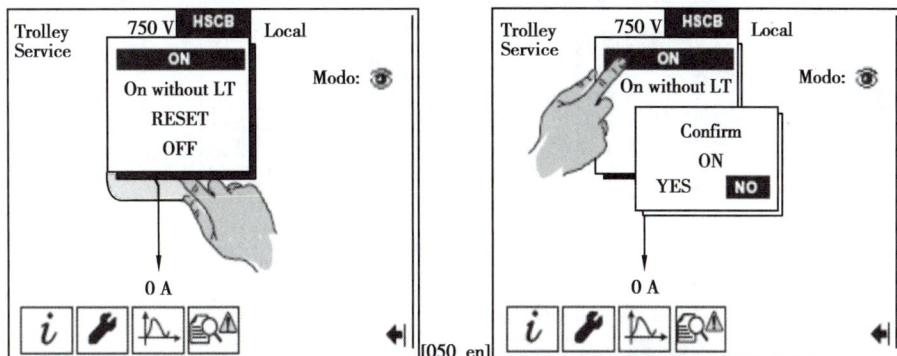

图 2.43　控制功能显示

④菜单操作。

如果要激活某个菜单或某个功能,用手指触摸屏幕上相应的图标。也可用手指顺着菜单拖动直至你想要激活的事件。点击菜单以外的空白界面,即可退出菜单界面。

表 2.21　菜单介绍

信息菜单	为进入以下菜单提供通道,例如调整对比度,读取版本信息,读取日期和时间
设置菜单	读取,修改保护,控制及通用参数的设置
监测曲线菜单	显示最后记录的事件监测波形
事件菜单	进入事件界面

①信息菜单如图 2.44 所示。

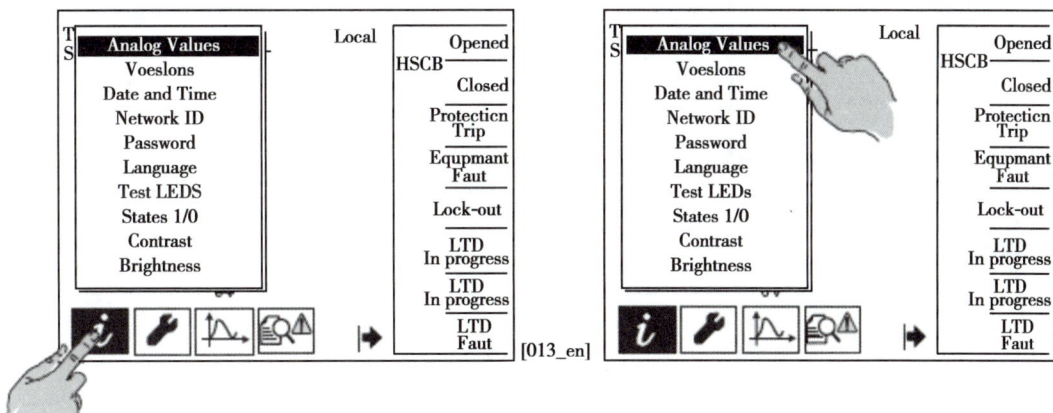

图 2.44　信息菜单

a.模拟量值。显示单元模拟量值输入界面如图 2.45 所示。

选择要在显示单元屏幕右上边显示的模拟量选项。

模拟量输入:SEPCOS-NG/PRO 可在显示单元(只读)显示 4 个模拟量输入值。前面的 3 个模拟量值也可在主屏幕上显示,如图 2.46 所示。

模拟量输出界面如图 2.47 所示。

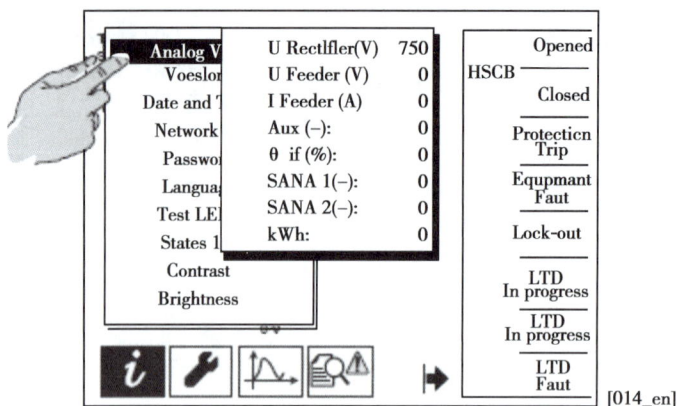

图 2.45　模拟量值输入

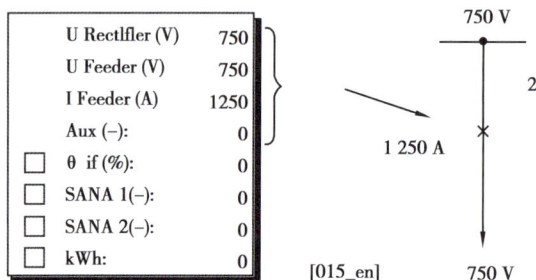

图 2.46　模拟量值

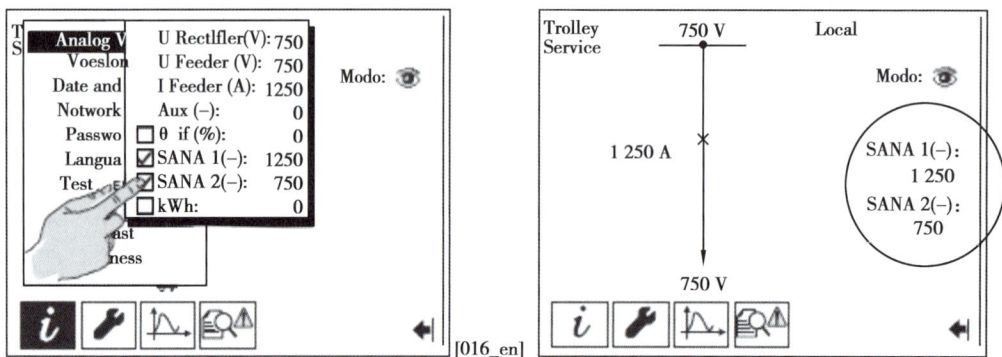

图 2.47　模拟量输出

　　模拟量输出值在显示单元显示屏幕的右边。LED 指示灯的文本信息在屏幕上是隐藏的。

　　b.版本:可显示不同应用程序的版本。

　　c.时间和日期:显示 SEPCOS-NG/PRO 的时间和日期。

　　d.网络 ID:可以显示和修改 RS485 端口和通信 IP 地址。

　　e.用户口令:在使用模式(只读)和管理模式之间转换,见表 2.22。

表 2.22　使用模式和管理模式

👁	使用模式（只读）
✏	管理模式

f.语言:选择一种语言后,文本就会自动改变。

g.LED 指示灯测试:测试显示单元上的 LED 指示灯,当按下"测试 LED 指示灯"按钮时测试就会开始。

测试顺序:LED 指示灯从上到下一次点亮并且以相同的次序熄灭。

h.I/O 状态:"高电平"状态指示为黑色圆点,"低电平"状态指示为白色圆点。

i.对比度:可以修改对比度。

j.亮度:可以修改亮度。

②设置菜单如图 2.48 所示。

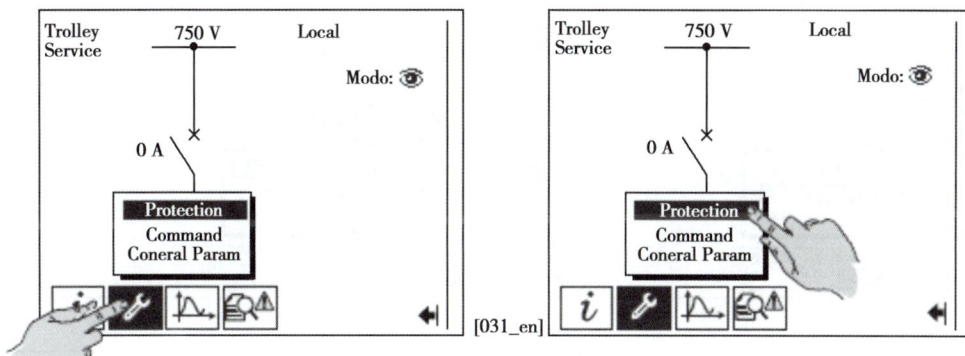

图 2.48　设置菜单

a.通过触摸屏可对保护装置所有参数进行设定。

保护菜单如图 2.49 所示,激活的功能用黑色圆点标示,未使用的功能用白色圆点表示。

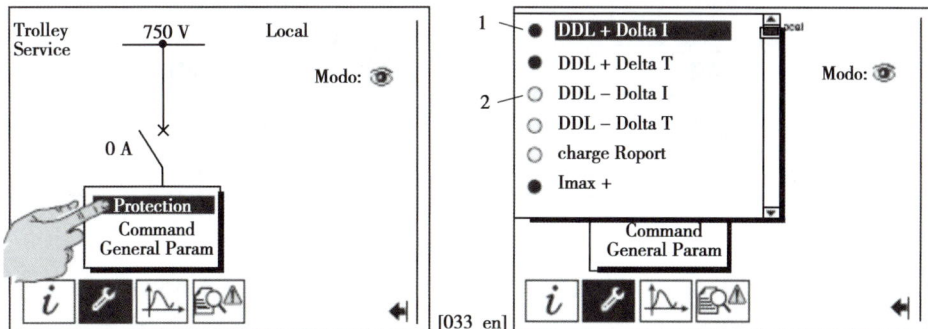

图 2.49　保护功能菜单

任选一保护类型,点击进入如图 2.50 所示的设置界面。

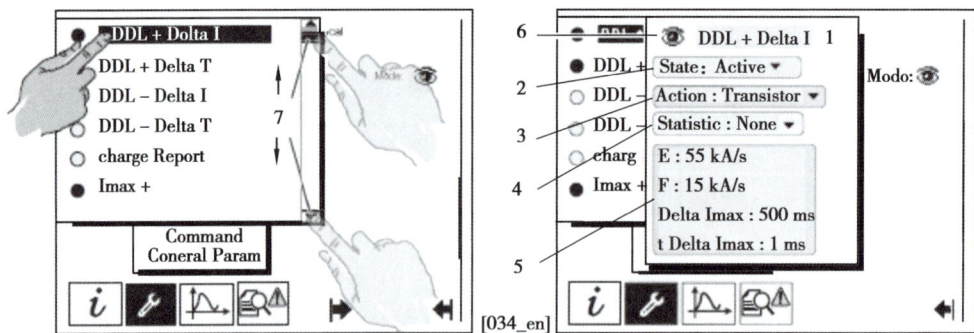

图 2.50　保护功能设置

1—功能名称;2—状态;3—动作;4—静态模式;5—设定参数;6—打开屏幕键盘输入用户口令;
7—滑动条上下滑动功能清单

b.指令:只有唯一的指令功能清单显示在保护单元的屏幕上,指令功能如图 2.51 所示。

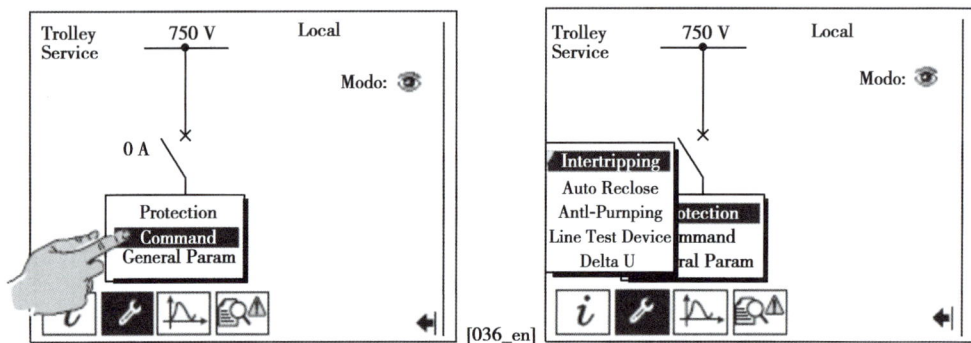

图 2.51　指令功能

任选一指令功能,如图 2.52 所示的指令功能设置界面。

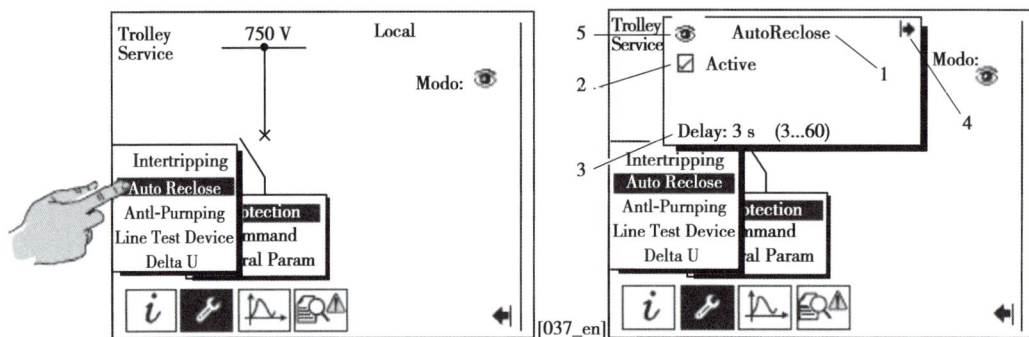

图 2.52　指令功能设置

1—功能名称;2—状态;3—设定参数和范围;4—返回新功能;5—打开屏幕键盘输入用户口令

③录波曲线显示如图 2.53 所示。

用于显示故障曲线的最后三条记录,分别由电压曲线、电流曲线和 $\mathrm{d}i/\mathrm{d}t$ 曲线组成。

录波曲线查看如图 2.54 所示。

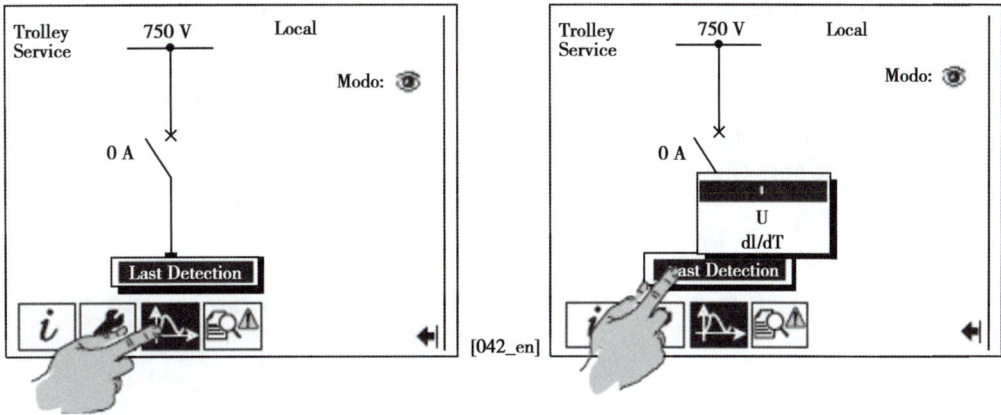

图 2.53　录波曲线

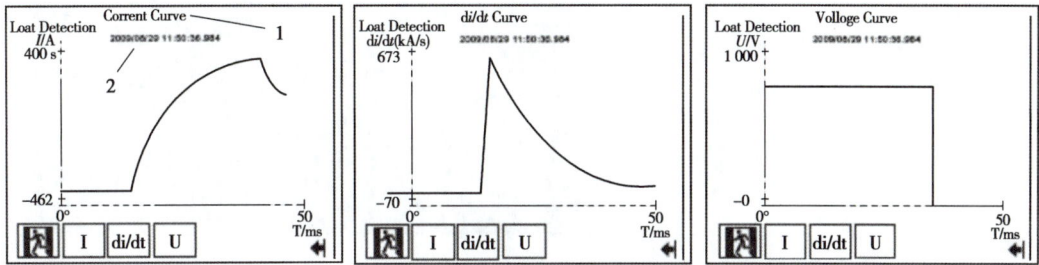

图 2.54　录波曲线查看

④事件清单。

显示 SEPCOS-NG/PRO 保护功能记录的事件,对于控制事件,需要使用 SEPCOS-I NG/PRO 通用的通信软件。通过显示单元,可直接读取 SEPCOS 内记录的所有事件,如图 2.55 所示。

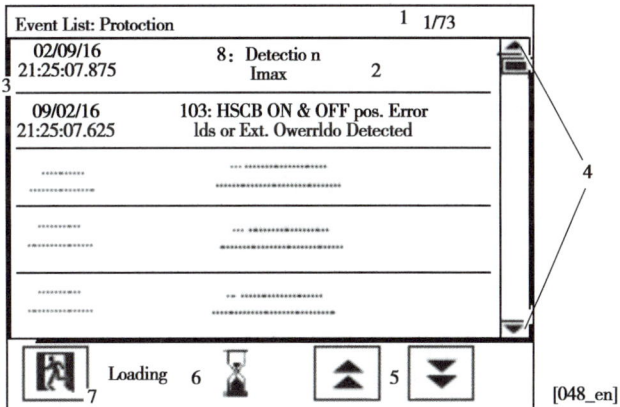

图 2.55　事件清单

1—当前事件号码和事件总数;2—事件标识(事件编码和事件描述);
3—事件时间和日期;4—滑动条;5—翻动 15 条事件;6—下载事件的标识;7—退出

7)1 500 V 负极柜隔离开关操作

负极柜隔离开关如图 2.56 所示。

把手水平位置时,顺时针转动操作把手 90°至垂直位置,隔离开关合闸。

把手垂直位置时,逆时针转动操作把手 90°至水平位置,隔离开关分闸。

8)轨电位装置的操作

(1)控制器外观

控制器外观如图 2.57 所示。

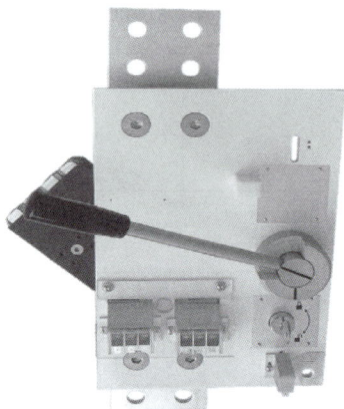

图 2.56 负极柜隔离开关

图 2.57 控制器外观

(2)控制器调整

装置的短路次数和延时可通过控制器设定,下列参数可根据现场运行情况改变:

B01 闭锁前短路次数;B02 短路持续期;B03 短路计算复位前的时间;B04 电压"U>"的延时;

B05 操作中断路的最长时间。

按如下操作进行控制器参数更改:

①同时按下 Esc 键和 OK 键(进入参数赋值模式);

②按▲或▼键选择 SET PARAM;

③按 OK 键;

④用▲和▼键选择要求的参数,用 OK 键进入改变状态;

⑤用▶和◀键进入改变位置,用▲和▼调整数值;

⑥用 OK 键终止。

(3)轨电位基本操作

①"U>"状态(电压大于 90 V)。

a.将测试转换开关快速转向"U>"测试并保持一段时间(0.8 s);

b."U>"电压继电器动作,"U>"指示灯亮起;

c.直流接触器闭合,接触器合位指示灯亮起;

d.合闸计数器加 1;

e.内部 U>闭锁计数加 1;

f.10 s 后直流接触器自动断开。

如果接触器在设定的时间(6 s)内再次发生"U>"故障,则合闸闭锁计数器加 1,否则清 0。

如果"U>"合闸闭锁计数器大于设定(3)次数,系统则闭锁输出,"闭锁/复位"指示灯亮起。

②"U>>"状态(电压大于 150 V)。

a.将测试转换开关短暂转向"U>>"测试位置;

b."U>>"电压继电器动作,"U>>"指示灯亮起;

c.直流接触器闭合,接触器合位指示灯亮起;

d.闭锁输出,闭锁/复位指示灯亮起;

e.手动复位后才能进行下一步测试。

③"U>>>"状态(电压大于 600 V±50 V)。

a.按下电流继电器的测试动作按钮;

b.直流接触器闭合,接触器合位指示灯亮起;

c.U>>>电压继电器动作,"U>>>"指示灯亮起;

d.闭锁输出,闭锁/复位指示灯亮起;

e.按下电流继电器复位按钮与面板复位按钮才能进行下一步测试。

④"U<"状态(电压小于 5 V)。

a.将 LOGO 控制器的参数 B005 设为 00:01 h,调节电压继电器设定值使其处于不动作状态;

b.约 1 分钟后,装置故障指示灯亮起;

c.直流接触器闭合,接触器合位指示灯亮起;

d.闭锁输出,闭锁/复位指示灯亮起;

e.恢复电压继电器或 LOGO 控制器参数设定,手动复位后恢复正常。

9)轨电位常见故障处理

(1)钢轨电位装置故障

①直流接触器一、二次回路发生故障时,控制器将故障信号输出同时闭锁合闸,需按复位按钮将其手动复归。

②若直流接触器因故障而一直开断,在电压大于 600 V±50 V 时,此功能由晶闸管元件执行。

③若电压小于"U<"定值,经一段时间延时,系统报故障同时闭锁输出。需按复位按钮将其手动复归。

(2)控制电源失电

本钢轨电位限制装置的控制回路采用闭环原理,保证一旦控制电源发生故障,装置会自动将钢轨与大地有效短接。这样,在控制电源发生故障时,人员及设施安全得到保障。控制电源的失压能通过远程信号传递。

(3)低电压保护动作

如回流回路与结构地间无电压通过的时间超过 24 h,装置将发出报警信号同时闭锁输出。

10)直流系统常见故障处理

（1）电压型框架保护动作

电压型框架保护动作后不跳邻所开关、只跳本所直流系统开关时，现场人员需仔细检查设备。如果需恢复供电时，首先要到负极柜上按复位按钮进行复位，待联跳信号消失后方可送电。

（2）电流型框架保护动作

对于被联跳的变电所，则根据联跳情况，断开端子柜的 F028/1-F028/4 开关，此开关是接收故障所发送的联跳信号的控制电源开关，其中 F028/1-F028/4 分别对应本所 211-214 馈线开关。解除联跳信号后，恢复单边供电。

（3）故障处理

常见故障及处理方法见表 2.23。

表 2.23　常见故障及处理方法

故　障	可能原因	采取措施
接触网不带电	①缺少辅助电源； ②HSCB 处于分闸位置； ③手车没有正确插入； ④隔离开关不能正常工作； ⑤HSCB 经常跳闸	①检查辅助电源微型开关； ②检查 HSCB 是否分闸，检查 HSCB 分闸是否由于合闸回路的问题，重新合闸并发现问题所在； ③检查手车是否正确插入及相关手车室后底部的开关； ④隔离开关电机的热保护继电器动作； ⑤HSCB 的过流脱扣设定值太低，改变设定值； SEPCOS 保护继电器设置不正确
当模式选择开关处于"遥控"位置时，HSCB 不能合闸	①远程控制线路有问题； ②模式选择开关位置有问题	①转到"本地"位置，并合上 HSCB，成功的话，检查远程控制线路； ②转到"本地"位置，遥控合上 HSCB。成功的话，检查接点间的连接性。如果必要，替换开关； ③转到"本地"位置，并查询下栏
当模式选择开关处于"本地"模式时，HSCB 不能合闸	①本地开关位置有问题； ②线路控制的 MCB 断开； ③设备其他部分的错误没有复位； ④SEPCOS 不能正常工作	①转到"遥控"，通过中央控制室的开关合上 HSCB（用 SCADA 系统）。成功的话，检查接点间的连接性。如果必要，替换开关； ②将打开的 MCB 重新合上； ③复位有故障的其他设备； ④替换 SEPCOS 装置
馈线柜上的所有位置指示灯熄灭	控制回路 MCB 断开	重新合闸或更换有问题的 MCB，将 MCB 合闸之后，HSCB 将自动分闸

故　障	可能原因	采取措施
隔离开关不能操作	①行程开关是否有问题； ②指示灯指示控制回路的 MCB 断开； ③马达有问题； ④隔离开关被机械锁住； ⑤锁 A 的行程开关设置不正确； ⑥马达的热保护动作	①检查位置指示器，如果行程开关没有提起来，重换开关，或将它调整至正确位置； ②重新将控制线路中 MCB 合闸； ③检查碳刷或触头； ④解锁隔离开关； ⑤确保复位行程开关到其正确位置； ⑥复位热保护装置
复位之后,故障指示灯依然亮着	①故障依然存在； ②由于保护继电器故障再次出现	①不要多次复位故障指示灯,检查确保没有主要故障存在,如果有的话,首先复位主要故障。在再次复位或合上故障指示灯之前找出问题； ②通过切断相关的保护继电器输出触头来隔离它。现场将其重合。同时观察相关的 CB。检查在保护继电器分离之后故障是否会出现
缺少控制电压	①MCB 控制回路断开； ②与继电器并联的二极管有问题	①重新合上 MCB； ②换掉有问题的二极管,现时将二次回路中的熔断器换掉或者重新合上 MCB

11)杂散微机系统的操作

（1）操作界面

操作界面如图 2.58 所示。

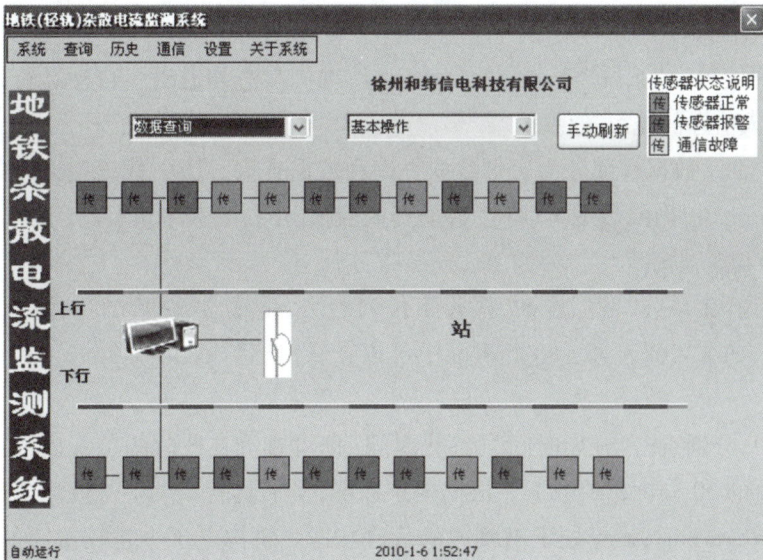

图 2.58　操作界面

菜单栏描述了系统所有的功能,它由"系统""查询""历史""通信""设置"和"关于系统"6个部分组成;每个菜单项下面分为多个子菜单项,描述相应的子模块功能。

操作下拉框是菜单中在检修时经常使用的功能映射,分为数据查询和基本操作两个部分。

①数据查询,如图2.59所示。

②基本操作,如图2.60所示。

③传感器状态,如图2.61所示。

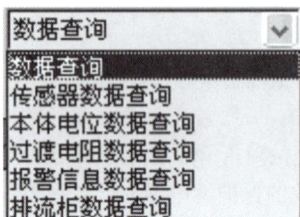

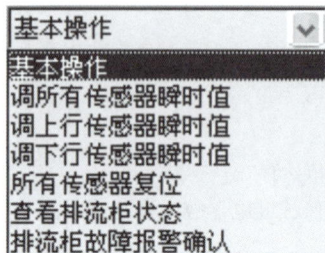

图2.59 数据查询　　　图2.60 基本操作　　图2.61 传感器状态

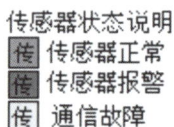

传感器处于正常状态:传感器正常工作,此监测点的半小时平均正向极化电压、半小时平均正向轨构电压、实时极化电压、实时参比电位和本体电位没有超过限定值。

传感器处于报警状态:传感器正常工作,此监测点的半小时平均正向极化电压或半小时平均正向轨构电压或实时极化电压或实时参比电位或本体电位已经超过限定值。

传感器处于通信故障状态:可能是传感器本身已经损坏,也可能本次通信没有连接上,也可能是监测装置和此传感器之间的通信线路出现故障,此时可以通过点击主界面上的"手动刷新"按钮或"基本操作"中的调瞬时值来进行排查。

(2)操作说明

①"系统"菜单。"系统"菜单包括自动运行、维护状态和退出。自动运行是默认选中状态,也是无人值守的先决条件。

②数据查询。数据查询分为历史数据查询和数据查询。历史数据查询可以查询7天以上的数据。7天以内的数据可以在"数据查询"操作下拉列表中进行。

a.传感器数据查询。

单击"查询"菜单或"数据查询"操作下拉列表中"传感器数据查询",进入"传感器数据查询"界面,如图2.62所示。在此界面中可以查看传感器的30分钟极化和轨构电压的各类型数据。

在界面中,分别点击"开始时间""终止时间"即可查询在此时间范围内的本监测区间内所有传感器的30分钟相关数据。根据国家标准,当某监测点半小时极化电位正向偏移平均值大于500 mV时,该点处于电腐蚀的危险状态。轨构电压也是较重要的数据,用来监测钢轨的连接状态。若每半小时内钢轨电压最大值不大于92 V,证明钢轨的连接状态良好,所以还可设定正向平均极化电压最小值和正向平均轨构电压最小值的查询,以确定数据超限报警的具体数据情况。传感器选择界面如图 2.63 所示。

图 2.62　传感器数据查询图

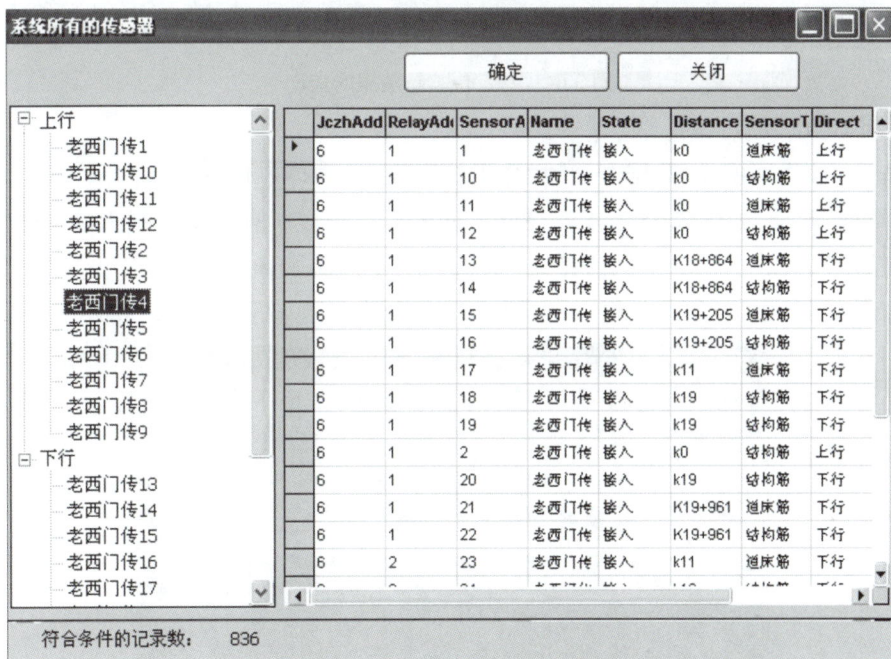

图 2.63　选择系统连接的传感器

选中某个传感器后点击"确定"按钮返回,即可查看特定传感器在某时间段内的 30 分钟数据情况。

注意:正确选择开始时间和终止时间,即终止时间一定要在开始时间后面,否则系统不会返回相应的数据。

查询结束后,单击"关闭"按钮,系统退出"传感器数据查询"界面。

特定传感器数据的查询,如图 2.64 所示。

图 2.64　特定传感器数据的查询

b.本体电位数据查询。

单击"查询"菜单或"数据查询"操作下拉列表中"本体电位数据查询",进入"本体电位数据查询"界面,如图 2.65 所示。在此界面中可以查看所有传感器每天的本体电位情况。传感器每天的本体电位默认在 2:00:00 取得,当然,此时刻可以在"设置"菜单下的"系统参数设置"中进行设置,但一定要设置为每天线上无车的某一时刻。

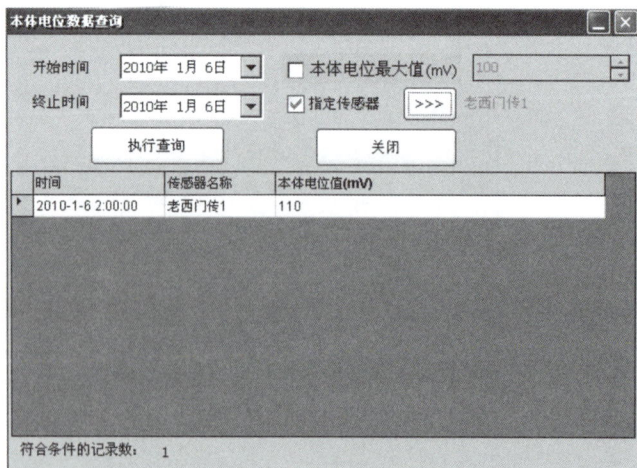

图 2.65　本体电位数据

在界面中,分别点击"开始时间""终止时间"即可查询在此时间范围内的本监测区间内所有传感器的本体电位值。根据国家标准,本体电位值不能低于 100 mV,所以还设定本体电位的最大值查询,以确定数据低于报警限值报警的具体情况。在传感器选择界面上选中某个传感器后点击"确定",即可查看特定传感器在某时间段内的本体电位数据情况。

c.过渡电阻数据查询。

单击"查询"菜单或"数据查询"操作下拉列表中"过渡电阻数据查询",进入"过渡电阻数据查询"界面,如图 2.66 所示。在此界面中可以查看相应供电区间每天测定的过渡电阻值情况。

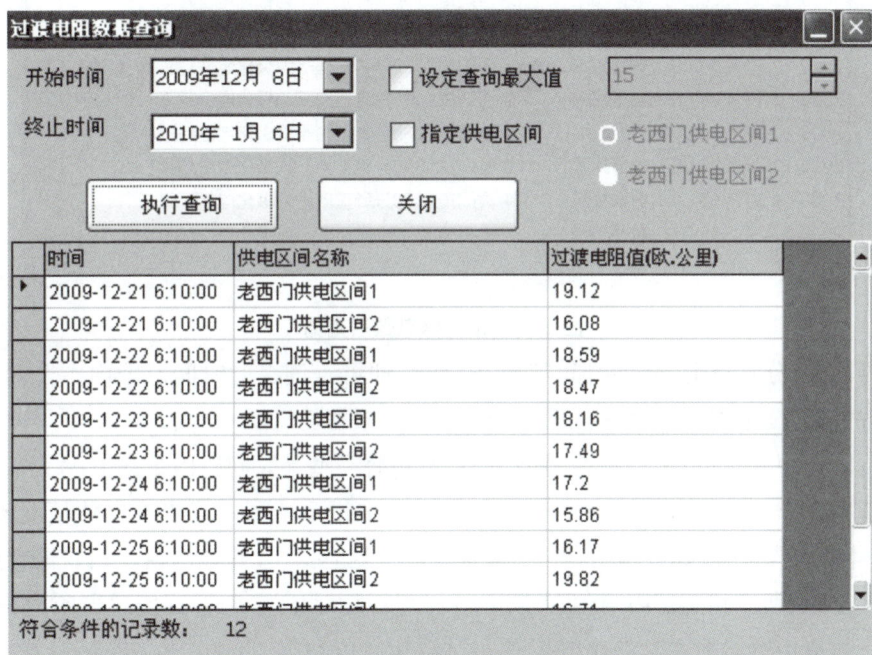

过渡电阻数据查询		
时间	供电区间名称	过渡电阻值(欧.公里)
2009-12-21 6:10:00	老西门供电区间1	19.12
2009-12-21 6:10:00	老西门供电区间2	16.08
2009-12-22 6:10:00	老西门供电区间1	18.59
2009-12-22 6:10:00	老西门供电区间2	18.47
2009-12-23 6:10:00	老西门供电区间1	18.16
2009-12-23 6:10:00	老西门供电区间2	17.49
2009-12-24 6:10:00	老西门供电区间1	17.2
2009-12-24 6:10:00	老西门供电区间2	15.86
2009-12-25 6:10:00	老西门供电区间1	16.17
2009-12-25 6:10:00	老西门供电区间2	19.82
2009-12-26 6:10:00	老西门供电区间1	16.74

开始时间 2009年12月 8日　终止时间 2010年 1月 6日　设定查询最大值 15　指定供电区间 老西门供电区间1 老西门供电区间2　执行查询　关闭　符合条件的记录数: 12

图 2.66　过渡电阻数据查询

在界面中,分别点击"开始时间""终止时间"即可查询在此时间范围内的本监测区间内供电区间的过渡电阻值情况,供电区间 1 代表上行方向,供电区间 2 代表下行方向。根据国家标准,过渡电阻值不能低于 15 Ω/km,所以还设定过渡电阻最大值查询,以确定数据低于报警限值报警的具体情况。可以选中"指定供电区间"后再点击后面的区间 1 或 2,查看上行方向或下行方向供电区间在某时间段内的过渡电阻数据情况。

d.报警信息数据查询。

单击"查询"菜单或"数据查询"操作下拉列表中"报警信息数据查询",进入"报警信息数据查询"界面,如图 2.67 所示,可以查看传感器数据正向平均极化电位或正向平均轨构电位超限或实时参比电位或实时轨构电位超限情况、传感器通信故障情况(传感器故障,即在取 30 分钟值和实时值时未收到相应数据的情况)、系统和排流柜等的通信故障情况。

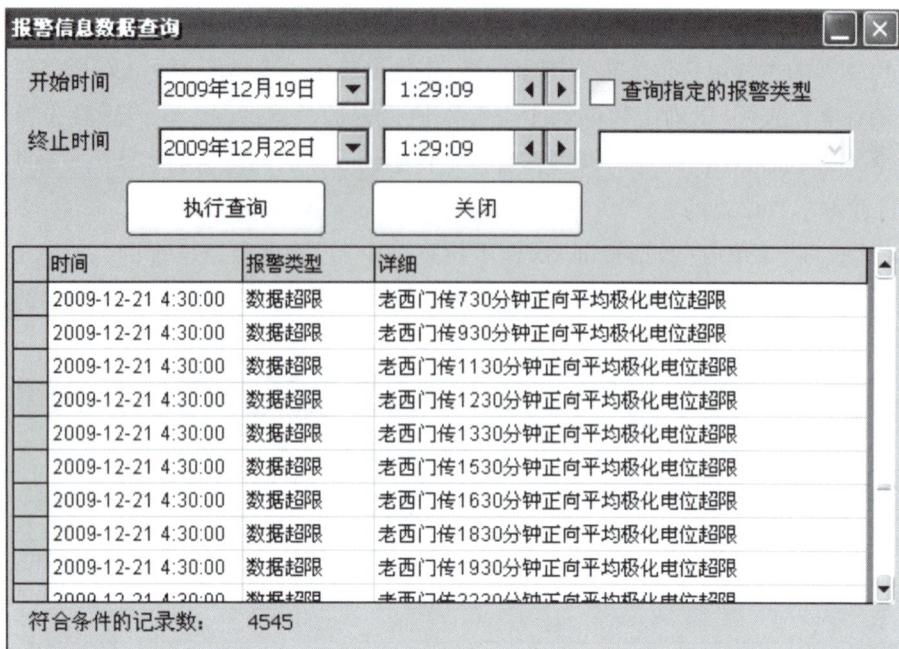

图 2.67　报警信息数据查询

在界面中,分别点击"开始时间""终止时间"即可查询在此时间范围内本监测区间内"传感器故障""通信故障""数据超限"三种类型的报警信息。

也可以选中"查询指定的报警类型"查看某报警类型某时间段内数据情况。

③基本操作。"基本操作"下拉列表的内容是进行系统调试或查看具体情况进行的。点击"基本操作"下拉列表的某个选项,将直接进行相应操作,并弹出窗体报告测量的数据结果。点击"调所有传感器瞬时值""调上行传感器瞬时值""调下行传感器瞬时值"选项可以查看相应传感器的实时参比电位和实时轨构电位数据;点击"所有传感器复位"可以对本监测区间内连接的上下行所有传感器进行复位。

④系统参数设置。"设置"菜单如图 2.68 所示。

单击"系统参数设置",将弹出系统参数设置界面,如图 2.69所示。

图 2.68　"设置"菜单

可以对系统监测的数据设置相应的报警线,也可以使用默认值,默认值是按照国家标准设定的。可以针对线路的实际运行情况调整系统每天取本体电位的时间,但一定要设置为线上车辆停运的时刻。参数设定后点击"确定"按钮,关闭窗体后重新启动系统后将使用新的参数。

⑤"通信"菜单下面是连接上位机,默认是选中,处于等待上位机连通的状态,只要上位机启动相应连通程序,即可以连通。

(3)杂散系统传感器常见故障处理

常见故障处理见表 2.24。

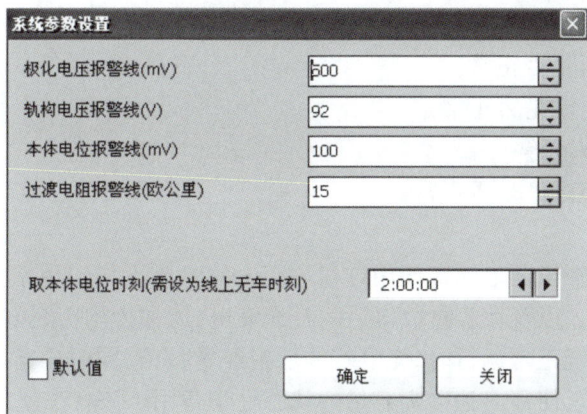

图 2.69　系统参数设置

表 2.24　杂散系统传感器常见故障处理

序号	故障现象	故障原因	排除方法
1	电源指示灯熄灭	①配电箱断电； ②保险丝熔断； ③电源指示灯损坏； ④主板有故障	①送电即可； ②更换保险管； ③更换指示灯； ④更换传感器电路板
2	通信指示灯常亮	①通信接线接触不好； ②通信线有断线	①检查接线端子； ②检查通信线路
3	通信灯与故障灯常亮	①主板地址整定出错； ②主板有故障	①检查 DIP 开关整定； ②更换传感器电路板
4	通信灯与故障灯同时以 2 s 间隔闪烁	通信地址有冲突	检查在同一个数据转接器下面的其他传感器地址（地址相同的传感器通信灯闪烁）
5	故障灯点亮	①通信总线错误； ②主板有故障	①检查通信线路有无短接或反接； ②更换传感器电路板

12）电池的日常维护及检测

（1）蓄电池日常运行记录

①电池组正常运行过程中，应该保持以下完整的运行记录，以备查询。

②每月检查并记录充电设备的运行状态以及电池组总的电压值、充电电流值。

③每季度定期检查并记录一次电池组中每个电池的浮充电压值，检测并记录电池组两端的充电电压同充电设备的输出电压是否一致，检查并记录电池的外形、外表温度是否正常。

④每次均充时，每隔一定时间应分别记录每个电池的充电电压以及充电电流。

⑤蓄电池最佳维护方法：为了确保电池组使用的可靠性，每年应对电池作一次核对性放电检测，以便及时发现电池问题。此种方法是检测电池是否能够正常运行的最好办法。

（2）蓄电池组检查

①单体电池电压是否正常；

②蓄电池充电电流是否正常；

③蓄电池有无漏液等；

④蓄电池室环境温度是否正常。

（3）相关概念

①均衡充电：为补偿蓄电池在使用过程中产生的电压不均匀现象，使其恢复到规定的范围内而进行的充电，以及大容量放电后的补充充电，通称为均衡充电，即常说的均充。

②浮充电：在系统正常运行时，充电装置承担经常负荷，同时向蓄电池组补充充电，以补充蓄电池的自放电，使蓄电池以满容量的状态处于备用。该状态就是浮充电状态。

③正常充电：指蓄电池正常的充电过程，即由均充电（包括限流均充和恒压均充两个过程）转到浮充电的过程。

④定时均充：为了防止电池处于长期浮充电状态可能导致的电池单体容量不平衡，而周期性（1—3 个月）以较高的电压对电池进行均衡充电。

⑤限流均充：以不超过电池充电限流点（0.1 倍电池容量）的恒定电流对电池充电。

⑥恒压均充：以恒定的均充电压（2 V 电池为例：国标规定为 2.35 ~ 2.40 V）对电池充电。

13）补偿装置日常的维护及常见故障

30 kV SVG 无功补偿装置设备比较复杂，设备本身集成过流、过压和 IGBT 故障等保护，只需要在日常巡检中观察设备是否在正常状态即可。

0.4 kV 并联电容的补偿方式，常见故障如下：

①电容器损坏。电容器损坏主要原因由于在选择电压等级时没有考虑谐波背景的影响，造成所选择的电压等级偏低，长期运行电容器将容易损坏。

②电容器上熔断器在投切电容器组及运行中发生熔断。电容器熔断器经常发生熔断，主要是合闸涌流对熔断器的冲击或者熔断器额定电流的选择偏小造成的，或是不同电抗率组别的电容器组投切顺序不当所致。

复习题

1.采用重合闸装置有何意义？

2.DC110 V 直流系统在变电所中起什么作用？

3.电流型框架保护、电压型框架保护分别检测什么？

4.整流机组设置何种保护？

5.直流 110 V 失压有何影响？

2.3 高级工理论知识及实操技能

2.3.1 专业理论及技能知识

1)公司生产及作业相关规章制度

作为一名变电高级检修人员,在完成设备技术工作的同时,应该掌握公司发布的相关生产管理制度,以便更好地服务于地铁生产工作。

(1)地铁公司施工作业管理办法

地铁公司施工作业管理办法是对整个地铁公司施工的管理规范,高级检修人员需掌握施工管理架构、施工管理程序、施工计划申报程序等,应随时掌握管理办法的各项规定及流程。

(2)《电力调度手册》及《电力调度应急处理程序》

电力调度手册及电力调度应急处理程序是对地铁公司调度的管理规定,其内容主要包括电调对供电设备的操作步骤、命令编号、事故处理等相关规定。作为一名合格的变电检修高级工,在生产工作中发挥主力军作用,必须掌握《电力调度手册》以及《电力调度应急处理程序》。

2)地铁供电系统继电保护设置

(1)继电保护更改原则

①定值由小变大,应先调整定值,再改变运行方式。

②定值由大变小,应先改变运行方式,再调整定值。

(2)继电保护配置

①110 kV 线路一般设纵联差动保护、零序电流保护、距离保护等。

②110 kV/30 kV 主变压器一般设差动保护、后备保护、非电量保护。

差动保护:主要有电流差动保护和电流差动速断保护。

后备保护:主要有 110 kV 电压闭锁过电流保护、过负荷保护、零序保护、放电间隙过流保护、零序电压/电流保护。

非电量保护:变压器本体和有载调压开关的轻/重瓦斯保护、温度保护、压力释放保护等。

其中,变压器主保护一般设差动速断保护和本体非电量重瓦斯保护。

③110 kV/30 kV 主变压器 30 kV 侧一般设零序电流保护、过电流保护等。变压器30 kV 后备保护包括复合电压闭锁过流保护、过负荷保护、零序过电流保护。

④主变电站 30 kV 母联开关一般设零序电流保护、限时速断保护等。

⑤主变电站 30 kV 馈线线路一般设光纤差动保护、过电流保护、零序电流保护、限时速断、零序速断保护。

⑥牵引变电所和降压变电所一般设 30 kV 进出线设光纤差动保护、过电流保护、零序

电流保护。

⑦牵引变电所和降压变电所 30 kV 母联开关一般设过电流保护、限时速断保护。

⑧整流机组一般设置变压器电流速断保护、定时限电流保护、零序电流保护、失灵保护、温度保护、过负荷保护、整流器二极管保护、逆流保护。

⑨1 500 V 直流进线开关一般设置逆流保护；1 500 V 直流馈线开关设置有大电流脱扣保护（断路器本体保护）、DDL 保护、低电压保护、热过负荷保护、双边联跳保护。

⑩每座牵引变电所直流设备一般设置一套框架泄露保护，分电压和电流两种类型。

⑪35 kV/0.4 kV 动力变压器一般设置电流速断保护、过电流保护、过负荷保护、温度保护、零序电流保护。

⑫0.4 kV 进线开关一般设长延时保护、短延时保护、接地保护。

⑬0.4 kV 母联开关一般设长延时保护、短延时保护。

⑭0.4 kV 三类负荷总开关一般设长延时保护、短延时保护、瞬时脱扣保护。

⑮0.4 kV 馈线开关一般设长延时保护、瞬时脱扣保护。

3）备自投装置的设置
①主变电站 110 kV、30 kV 母联一般设置备自投装置。

②牵引及降压变电所 30 kV 母联一般开关设置备自投装置。

③直流 1 500 V 馈线设置带有能判断故障性质的线路测试装置、自动重合闸装置。

④0.4 kV 进线开关和母联开关一般设置带闭锁的自动投入装置。

⑤交流自用电的两路电源间设自动投切功能。

2.3.2　变电设备预防性试验

变电设备预防性试验是指为了发现运行中设备的隐患，预防发生事故或设备损坏，对设备进行的检查、试验或监测，也包括取油样或气样进行的试验。预防性试验是电力设备运行和维护工作中一个重要环节，是保证电力设备安全运行的有效手段之一。多年来，电力部门和大型工矿企业的高压电力设备基本上都是按照原电力系统颁发的《电力设备预防性试验规程》的要求进行试验的，对及时发现、诊断设备缺陷起到重要作用。

电气设备在运行过程中，受电场力的作用，受运行温度和空气湿度、腐蚀气体等因素的影响，绝缘状况会不断劣化，这是一种正常的衰退现象，因此需要对设备绝缘状况进行定期试验和检查，通过分析从而鉴定电气设备的绝缘老化程度能否满足实际运行的要求，采取相应的检修措施和运行规定，以维持和保证设备的正常工作水平，确保安全、经济、可靠运行。

1）变电设备预防性试验种类
轨道交通供电专业高压试验及电缆工班一般负责全线网的各类电气设备高压试验：交流耐压试验、直流耐压试验、直流电阻试验、变压器变比试验、回路电阻试验、开关特性测试试验、介质损耗角试验、绝缘电阻测试、避雷器泄漏电流试验等。

各条线路的变电二次检修工班负责继电保护及自动装置的预防性试验。

（1）变压器的试验项目

①变压器线圈直流电阻测试。变压器绕组的直流电阻是变压器在交接、大修、改变分

接开关后及预防性试验中必不可少的试验项目,也是故障后的重要检查项目。

测量直流电阻的目的是:

a.检查绕组焊接质量。

b.分接开关各位置接触是否良好,分接开关实际位置与指示位置是否相符。

c.绕组或引出线有无断裂。

d.多股导线并绕的绕组是否有断股情况。

e.有无层、匝间短路。

测量方法:测量线圈的直流电阻时对应在引线端上接线,测出分接开关上所有位置上的直流电阻。

②测量三角接绕组(高压侧)直阻时,应将各个挡位逐个测量线间直阻,测量星接绕组(低压侧)时,直接测量相间直阻。

③对变压器高压侧直阻,要逐个测量每个挡位的直阻。

④测试值与出厂报告或历史记录相比应无明显差别,且应符合:

a.1 600 kV·A 以上的变压器,各相线圈的直流电阻,相间差别应不大于三相平均值的2%;无中性点引出时的线间差别应不大于三相平均值的1%。

b.1 600 kV·A 及以下的变压器相间差别应不大于三相平均值的4%,线间差别应不大于三相平均值的2%。

c.与以前相同部位测得值比较不大于2%。

(2)变压器线圈绝缘电阻

测量绝缘电阻是检查变压器绝缘状况最基本的方法。

测量仪器一般采用 2 500 V 或 5 000 V 绝缘电阻表,分别测量铁芯对夹件及地、夹件对铁芯及地的绝缘电阻。每个部位测量结束,应将该部位对地充分放电。

测得的绝缘电阻值,主要依靠各绕组历次测量结果相互比较并进行判断。交接试验时,一般不应低于出厂试验的70%(相同温度下)。大修后或运行中测试结果可与交接时的绝缘电阻值相互比较。

(3)变压器吸收比、极化指数试验

测量变压器绝缘电阻时,把加压 60 s 测量的绝缘电阻值与加压 15 s 测量的绝缘电阻值的比值称为吸收比;把加压 10 min 测量的绝缘电阻值与加压 1 min 测量的绝缘电阻值的比值,称为极化指数。

测量吸收比和极化指数可用于判断被试设备的绝缘受潮情况。由于吸收比和极化指数和变压器的电压等级和容量有关,状态检修试验规程规定油浸式变压器吸收比不低于1.3 或极化指数不低于 1.5 或绝缘电阻不低于 10 000 MΩ 为合格。

(4)变压器变比测试

在出厂试验时,检查变压器极性与接线组别及所有分接头的变压比,目的在于检验绕组匝数、引线及分接引线的连接、分接开关位置及各出线端子标志的正确性。对安装后的变压器,主要是检查分接开关位置及各出线端子标志是否正确。在变压器故障后,通过变比测试来检查绕组是否发生匝间短路、断股、脱焊等缺陷,可使用专用变压器变比测试仪进行测试。试验接线图如图 2.70 所示。

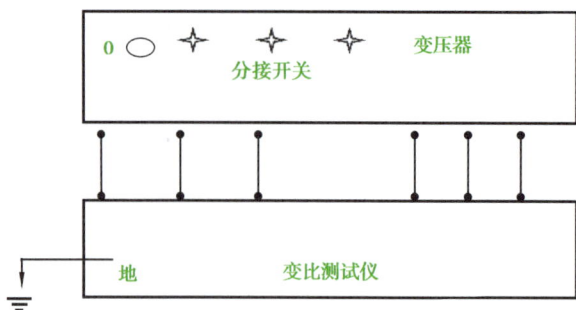

图 2.70 变压器变比测试接线图

（5）变压器交流耐压试验

工频耐压试验装置是发电站、供配电系统、科研单位等广大用户的基本试验设备，用于对各种电气产品、电器元件、绝缘材料等进行规定电压下的绝缘强度试验。考核产品的绝缘水平，发现被试品的绝缘缺陷，衡量过电压的能力，是鉴定电力设备绝缘强度最有效和最直接的方法。由于交流耐压试验电压一般比运行电压高，通过试验后，设备有较大的安全裕度，因此交流耐压试验是保证电力设备安全运行的一种重要手段。

（6）绝缘套管及油的介质损失角试验

对于 110 kV 主变压器，变压器绕组连同套管的介质损耗角正切值 $\tan \delta$，主要用于检查变压器是否受潮、油质劣化及出现严重局部缺陷。在测量绕组 $\tan \delta$ 时，因变压器外壳直接接地，所以测量方法只能选择反接线进行测量。

2）直流断路器的试验内容

（1）导电回路电阻测量

高压断路器的导电回路电阻也叫作接触电阻，测试时先将断路器合、跳几次后再将断路器操作保险取下，将断路器手动操作部分绑死捆住，以防突然跳闸伤人，并防止突然断开时电桥的检流计打坏。测量时，如果怀疑测定数值不准确可复测几次，每次都将开关动作几次。取分散较小的 3 次平均值为测试值。图 2.71 为回路电阻测试仪接线图。

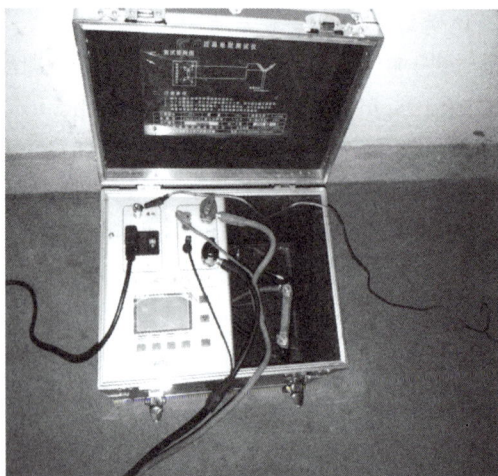

图 2.71 回路电阻测试仪接线图

（2）直流系统框架绝缘

试验要点:断开 DC 1 500 V 系统所有二次电源空开,断开负极柜通信插头;解开负极柜内电流继电器（框架保护电流元件）的一次接地电缆;拉开负极柜内电压元件保护电路的熔断器;将所有小车推到试验位（避免小车的轮子接触大地带来的影响）。

框架绝缘电阻测试:电子摇表正极接框架母排,负极接地,1 000 V 加压 1 min;记录现场的温度和湿度。

当框架绝缘低于 2 MΩ 时,可在负极柜框架母排处分别拆开直流小车、1#整流器、2#整流器及负极柜框架连接线,分别对其进行绝缘电阻的测试检查。

3）避雷器试验项目

①测量避雷器、底座的绝缘电阻。绝缘电阻试验采用 2 500 V 及以上绝缘电阻表。判断标准:

a.FZ、FCZ 和 FCD 型避雷器的绝缘电阻值与出厂值、初始值或同类型的测量数据进行比较,不应有显著变化。

b.FS 型避雷器绝缘电阻应不低于 2 500 MΩ。

②测量氧化锌避雷器直流 1 mA 下的电压。

③检查在线监测的泄漏电流,检查计数器动作正常。

4）继电保护及自动装置的试验

（1）试验项目

①对带有整定值的继电器、保护装置进行整定值误差的校验,对超过整定值误差范围、不合格的继电器、保护装置插件,要进行认真分析,要与出厂和往年的测量结果进行比较,必要时要进行整定值修改或更换继电器、保护装置插件。

②对一次电气设备与该保护联动的可靠性、稳定性进行传动试验。对动作不正常的联动,要查找原因,并处理发现的问题,保证保护动作出口后,相应断路器应立即跳闸或合闸及重合闸动作联动正确。

③测量继电器装置的动作电量值（电压、电流、阻抗）及保护动作特性,对继电器装置动作电量值及动作特性的变化,要认真分析,要与出厂和往年的电量值及特性进行比较,必要时测量继电器线圈的电阻值。对不合格的继电器,要进行调试或重新更换继电器。

④用较大电流整定值（如速断保护电流值、差速断保护电流值等）或在过电压整定值下,对继电器、保护装置进行冲击试验,以检验继电器、保护装置动作的可靠性、稳定性的持久程度。

⑤检查继电器、保护装置机械性能、散热性能等的完整性。

⑥遥测继电器、保护装置的绝缘强度。检查、分析保护装置、继电器的绝缘老化程度与速率。

⑦对继电器、保护装置的外观完整性、接线接触良好性进行检查与紧固。

（2）预防性试验主要工作

在有安全措施保障条件下:

①保护装置外观检查,查看保护装置设置:保护装置及插件外观完整,外观无机械损伤、变形、破裂等现象。无异常声音。信号灯、显示屏指示正常。查看保护装置设置、整定值与定值单对照,无异议后加电测试。如果对照有差异,应查明原因。无原因时,以保护

装置现运行的定值为准。

②清洁屏内设备卫生,检查二次回路:清扫保护装置及其开关柜内的卫生,确认其二次回路及插件的连接是否良好。断电 2 s 后重启保护装置,检查保护装置设置、整定值、信号灯、后台机显示等无异常。

③对继电器、保护装置本身机械、电气性能进行试验。

④对带有整定值的继电器(流继、压继、时继等)、保护装置,进行整定值检验及误差计算,并调整使动作值符合整定值误差范围。

⑤对保护装置的特性(比率差动特性、四边形、五边形等)进行检验并调整。

恢复安全措施后,对继电器、保护装置、自动装置(自投、重合闸装置)、远动装置与开关(断路器、隔离开关、空气开关)进行联动的闭锁、传动试验。

(3)继电保护及自动装置试验人员应会的主要工作

①继电保护及自动装置预防性试验。

②修改继电保护及自动装置整定值、参数等。

③处理继电保护及自动装置临时故障,更换继电保护及自动装置。

5)试验人员记录数据注意事项

(1)记录

测试时应作详细记录,记录内容包括:仪器型号、编号、被试设备铭牌、测试数据。现场记录应使用中性笔,字迹要清晰。记录本采用专门的原始数据记录本。在记录测试数据时,记录人应复述,操作人确认无误后方可记录。试验记录属于永久性技术资料。

(2)测试完毕审核

①试验结束时,试验人员应拆除自装的接线,准确恢复拆除的所有外部引线,并经工作负责人检查确认无松动、接触不良等现象。

②测试完毕后,工作负责人应对原始记录进行审核,内容包括:记录内容是否漏项、测试数据有效数字、单位是否正确,检查无误后,记录人、试验人在相应位置签字。

(3)填写报告

①测试完毕后,应及时填写试验报告,并由审核人审核签字。试验报告应用计算机打印,电子版妥善保管。测试完毕后,应立即与试验标准比较,不合格应查找原因或重测,确认设备问题应及时上报车间技术人员。

②测试时应作详细记录。记录内容包括:仪器型号、编号、被试设备铭牌、测试数据。

③记录使用中性笔,字迹要清晰。记录本采用专门的原始记录本。

④记录测试数据时应复述,操作人确认后方可记录。

6)预试结果的分析和判断

由于预试结果对判定电气设备能否继续长期稳定安全运行起着不可替代的作用,因此如何对预试结果作出正确的分析和判断则显得更为重要。

《电力设备预防性试验规程》指出,对试验结果应进行综合分析和判断,一般应进行下列三步:第一步应与历年各次试验结果比较;第二步与同类型设备试验结果比较;第三步对照《规程》技术要求和其他相关试验结果,进行综合分析,判断缺陷发展趋势,作出判断。

综合分析判断有时有一定复杂性和难度,而不是单纯地、教条地逐项对照技术要求(技术标准)。特别当试验结果接近技术要求限值但尚未超标时,更应考虑气候条件的影响、测量仪器可能产生的误差,甚至要考虑操作人员的技术素质等因素。

为了能做到有重点地或快速处理缺陷,应根据设备结构特点,尽量做部件的分节试验,以进一步查明缺陷的部位或范围。对有怀疑、一时不易确定是否合格的设备,应采用缩短试验周期的措施,或在良好天气下、温度较高时进行复测来监视设备可疑缺陷的变化趋势,或验证过去测量的准确性。

7)预试的地位和作用

预试是电力设备安全运行的保证。电力设备安全运行的首要问题是确保电力设备安全,确保继电保护可靠。电力设备处于长期运行状态,其技术性能会逐渐降低,而处于间断运行或长期停运状态,其绝缘特性和机械性能受温、湿、尘等环境影响也会劣化,只有通过预试检验才能确定这些设备能否安全运行。通过对设备的有关参数的测试,经过逐年累计、比较及统计分析,可以找出设备性能变化的规律,预测其寿命,并结合运行情况,充分发挥设备功能,争取维修主动,最大限度地减少损失,提高效益。

2.3.3　电力电缆

电力电缆是供电线路中非常重要的一部分,电缆出现故障会直接影响相应线路的供电,因此,定期巡视维护对保护电缆可靠运行非常必要。高级工需要熟知电缆中间接头与终端头制作的要求和方法。

1)电缆检修注意事项

(1)人员能力要求

①必须熟练掌握《电力电缆及架空线安全工作规程》和变电安全规程相关知识。

②掌握电缆检修及制作工器具的正确使用和维护方法。

③熟练掌握电缆检修相关参数标准,熟知施工图和资料的内容。

(2)电缆中间头与终端头制作要求

①制作不应在风、雨、雪等天气中进行,如无法避免,需搭设帐篷,防止安装过程中灰尘等杂物影响电缆制作的绝缘水平。

②制作所用的工器具准备齐全,状态良好,耗材备齐.

③制作完成后需用对应相色的绝缘胶带做明显标识,方便后续巡视和检修。

④制作完成后需按照电力电缆预防性试验标准相关规定进行试验,合格后方能投入运行。

2)中间接头与终端头制作

①剥除外护套:将试验合格的、准备连接的两根电缆末端搁平、调直、锯齐,剥除塑料外套,以供货厂家提供的电缆头尺寸为标准。

②锯铠装层:从剖塑口处将铠装层锯掉,并从锯口处将统包带及相间填充物切除。

③剥除电缆内护套。

④剥除屏蔽层:将电缆屏蔽层外的塑料带和纸带剥去,在准备切断屏蔽的地方用金属线扎紧,而后将屏蔽层剥除并切断,并且要将切口尖角向外翻折。

⑤剥离半导体布带和主绝缘:按照厂家规定尺寸要求完成。

⑥剥离线芯:将电缆绝缘线芯的绝缘按连接套管的长度剥除。

⑦铅笔头处理:将靠近连接管端头的绝缘削成倒角 45°的圆锥形。(按照工艺图解要求,可不用倒角,但要打磨处理。)

⑧放入热缩管:一般 3 个,按照厂家规定,长短热缩管放置准确。

⑨压接线芯:插入连接管压接,并用锉刀将连接管突起部分锉平、擦拭干净。

⑩清洁绝缘表面:用清洁纸或酒精润湿的布揩净绝缘表面。

⑪收缩接头绝缘主体。

⑫用铜网绕包屏蔽、收内层热缩管、用铜网绕包铠装。

⑬缩外层热缩套管:将热缩护套管与电缆外护套搭接加热收缩。

⑭绕包防水层:用自粘橡胶带绕包密封防水层成两端锥形的长棒形状后,再用塑料胶粘带在其外绕包 3 层。

3)电缆预防性试验

电力电缆主要由导电线芯、绝缘层和护套组成,通常行业内将电力电缆分成三类,即纸绝缘电力电缆、橡塑绝缘电力电缆(聚氯乙烯绝缘电力电缆、交联聚乙烯绝缘电力电缆、乙丙橡皮绝缘电力电缆)、电容式充油电缆。目前主流的电缆采用交联聚乙烯绝缘材料,不仅保持了聚乙烯的优良性能(原料来源丰富、价格低廉、电气性能优异、具有较小的介质损失和介电常数),同时还克服了聚乙烯的缺点,机械、耐热、抗蠕变以及抗环境开裂性能大大提高,因此在电缆工业中得到广泛应用。

测量电缆绝缘性能的试验方法有直流耐压试验、工频交流耐压试验、变频谐振耐压试验、超低频(VLF)交流耐压试验、介质损耗测试等。如何选择合适的试验方法,主要取决于电缆系统的状况、对电缆的破坏程度、是否适合现场使用、操作的难易程度等因素。

(1)绝缘电阻测量

测量电力电缆的主绝缘电阻可以检查电缆绝缘是否老化、受潮,以及耐压试验中暴露出来的绝缘缺陷。对 1 000 V 以下的电缆测量时用 1 000 V 兆欧表,对 1 000 V 及以上的电缆用 2 500 V 兆欧表,对 6 kV 及以上电缆用 5 000 V 兆欧表。

当电缆埋于地下后,测量钢铠甲对地的绝缘电阻,可检查出外护套有无损伤;同理,测量铜屏蔽层对钢铠甲间的绝缘电阻,也可以检查出内护套有无损伤。通过这两项测量,可以判断绝缘是否已经受潮。当电缆敷设在电缆沟、隧道支架上时,其外护套的损伤点不在支点处且又未浸泡在水中或置于特别潮湿的环境中,此时测量铜屏蔽层对钢铠甲的绝缘电阻则更为重要。

电缆终端或套管表面脏污、潮湿对绝缘电阻有较大的影响。除擦拭干净外,还应加屏蔽环,将屏蔽环接到兆欧表的"屏蔽"端子上,当电缆为三芯电缆时,可利用非测量相作为两端屏蔽环的连线,如图 2.72 所示。

当被测电缆较长时,充电电流很大,因此兆欧表开始指示的数值很小,这并不表示绝缘不良,必须经过较长时间遥测才能得到正确的结果。

(2)直流耐压和泄漏电流试验

①直流耐压试验。

交流电力电缆之所以用直流来进行耐压试验,主要是由于电力电缆具有很大的电容,现场采用大容量试验电源不现实,所以改为直流耐压试验,以显著减小试验电源的容量。直流耐压试验一般都采用半波整流电路,由于电缆电容量较大,故不用加装滤波电容。对

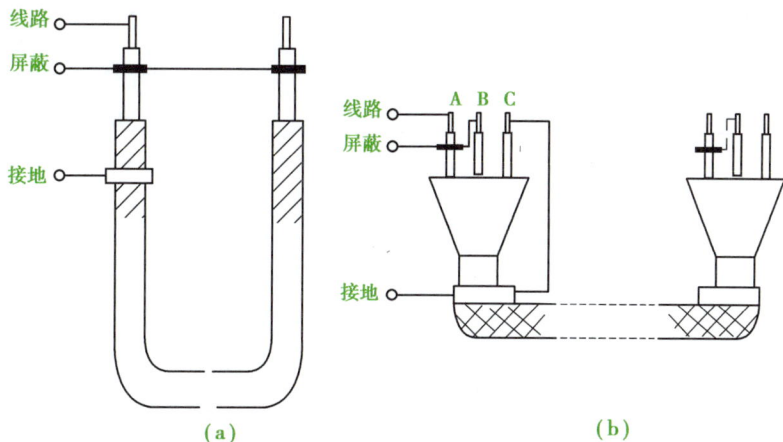

图 2.72　测量绝缘电阻时的屏蔽接线（左单芯，右三芯）

35 kV 以上的电缆，试验电源采用倍压整流方式。试验中测量泄漏电流的微安表可接在低电位端，也可接在高电位端。

通常，直流试验所带来的剩余破坏也比交流试验小得多（如交流试验因局部放电、极化等所引起的损耗比直流时大）。直流试验没有交流试验真实、严格，串联介质在交流试验中场强分布与其介电常数成反比，而施加直流时却与其电导率成反比，因此在直流耐压试验时，一是适当提高试验电压，二是延长外施电压的时间。正常的电缆绝缘在直流电压作用下的耐电强度约为 $400\sim600$ kV/cm，比交流作用下约大一倍，所以直流试验电压大致为交流试验电压的两倍，试验时间一般选 $5\sim10$ min。一般电缆缺陷在直流耐压试验持续的 5 min 内都能暴露出来，GB 50150—91 规定了最长的持续试验时间为 15 min。纸绝缘电力电缆、橡塑绝缘电力电缆和充油电缆的直流耐压和泄漏电流试验电压标准如表 2.25 所示。

表 2.25　电力电缆直流耐压和泄漏电流试验电压

单位:kV

电缆额定电压 U_0/U	纸绝缘电力电缆	橡塑绝缘电力电缆	充油电缆
1.8/3	12	11	/
3.6/6	17 或 24	18	/
6/6	30	25	/
6/10	40	25	/
8.7/10	47	37	/
21/35	105	63	/
26/35	130	78	/
48/66	/	144	163 或 175

续表

电缆额定电压 U_0/U	纸绝缘电力电缆	橡塑绝缘电力电缆	充油电缆
64/110	/	192	225 或 275
127/220	/	305	425 或 475 或 510
190/330	/	/	525 或 590 或 650
290/500	/	/	715 或 775 或 840

②泄漏电流测量。

绝缘良好的电缆泄漏电流很小,一般只有几到几十微安。由于受杂散电流的影响,当将微安表接入低电位端测量时,往往使测量结果不准,有时误差竟达到真实值的几倍到几十倍。

在实际测量中应尽量将微安表接在高电位端的接线,这时对测量微安表、引线及电缆两头,应该严格屏蔽,对整盘电缆可以采用如图 2.73 所示屏蔽接线方式。这里微安表采用金属屏蔽罩屏蔽,微安表到被试品的引线采用金属屏蔽线屏蔽,对电缆两端头则采用屏蔽帽和屏蔽环屏蔽。屏蔽和引线之间只有很小的电位差,所以并不需要很好的绝缘。

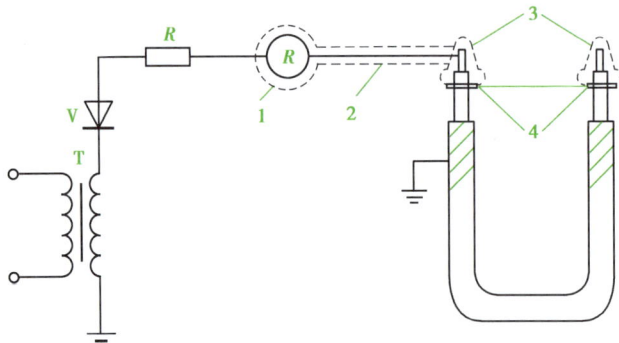

图 2.73　测量直流泄漏电流时的屏蔽方法

1—微安表屏蔽罩;2—屏蔽线;3—端头屏蔽帽;4—屏蔽环

(3)关于交联聚乙烯电缆直流耐压试验的讨论

交联聚乙烯电缆绝缘直流耐压试验是一个有争议的试验项目,由于交联聚乙烯绝缘性质十分特殊,进行直流耐压试验可能是不适合的。

主要观点有:

①直流电压对交联聚乙烯绝缘有积累效应,当经过直流耐压试验后,将在电缆绝缘中残余一定的直流电压,这时将电缆投入使用,大大增加了击穿的可能。

②交联聚乙烯电缆在运行中,在主绝缘交联聚乙烯中逐步形成水树脂、电树脂。这种树脂化老化过程,伴随着整流效应,致使在直流耐压试验过程中,水树脂或电树脂端头积

聚的电荷难以消散,并在电缆运行过程中加剧树脂化的过程。

由于 XLPE 绝缘电阻很高,以致在直流耐压时所注入的电子不易散逸,它引起电缆中原有的电场发生畸变,因而更易被击穿。

由于直流电压分布与实际运行电压不同,直流试验合格的电缆,投入运行后,在正常工作电压作用下也会发生绝缘故障。

2.3.4　故障分析和应急处理

在地铁牵引供电系统中,电气设备发生各种类型的故障是不可避免的。供电系统担负着地铁全线的照明用电和行车动力用电,一旦发生故障会引起下级负荷的供电异常,重要线路或设备故障会直接导致地铁行车受到影响。因此能否利用自身的专业技能和经验在面对故障时迅速完成处理抢修,是衡量变电检修高级工是否优秀的重要标准。

1)变电设备故障处理的原则

(1)坚持"先通后复"的处理原则

①一次设备故障引起全所或馈线停电后,在保证不扩大事故范围和不危及人身安全的前提下,应该先送电,后进行事故处理,尽量缩短停电时间。

②在发生设备故障后,应先投母联用正常设备带两段母排运行,然后再进行故障处理。在无自投装置情况下,应采用大双边供电或环网支援供电,达到运营供电需求,然后再对停电点进行故障处理。

(2)坚持先主要设备、后辅助设备的事故处理原则

①在多处设备同时发生故障时,应先处理对正常供电影响大的设备故障,后处理对正常供电影响小的设备故障,最后处理不影响正常供电的设备故障。

②在变电所交直流系统和其他二次设备同时故障时,应该先处理直流电源故障,后处理其他二次设备故障。在直流电源与交流电源同时发生故障时,在保证由蓄电池正常供电的情况下,应该先处理交流电源故障,后处理直流电源故障。

(3)坚持先查明事故原因、后进行事故处理的原则

①由于受各种因素的影响,设备故障产生的原因很多,在没有查明故障原因之前就进行盲目处理,可能造成二次故障、扩大事故范围。

②在进行故障处理时,不管是高压设备还是低压设备,必须先将故障设备停电,并做好安全防护措施,然后再进行故障处理。

2)故障处理作业指导

对变电检修工来说,故障处理能力建立在日常检修发现问题和扎实学习专业知识的基础上。个人经验的积累是一个缓慢的过程,但我们可以通过学习以往故障案例、熟读故障处理规程以及和经验丰富的老员工多交流沟通来提高自身应急处理事情的能力。

在发生故障时,相关责任班组人员应按照供电专业《故障处理指南》《应急预案》及对应设备的作业指导书,携带抢修包和笔记本电脑尽快赶往现场,查看控制信号盘报文和现场设备,确认故障类型,按照处理故障的基本原则执行,最大限度地减少因设备故障对运营服务所带来的影响,尽快恢复供电。

3)供电设备可能出现的故障点

（1）126 kV GIS 开关柜

SF_6 气体微量泄漏；压力低告警、闭锁；126 kV 开关当地拒合；126 kV 开关无法分闸开关；当地位能操作而远方位不能操作；运行的 126 kV GIS 设备防爆膜发生破裂；弹簧未储能监视异常等。

（2）30 kV GIS 开关柜

断路器过流保护动作；进出线柜差动保护动作；断路器不能就地或远方合闸；意外跳闸（没有发出跳闸信号的开关跳闸）；断路器不能电动储能，只能手动储能等。

（3）400 V 开关柜

进线柜断路器无法合闸；抽屉开关分合闸后台机没有报文；遥信模块工况退出；进线柜断路器位置信号无后台报文；分闸线圈或合闸线圈电力不足等。

（4）1 500 V 开关柜

直流馈线失电；当模式选择开关处于"遥控"位置时，HSCB 不能合闸；当模式选择开关处于"本地"模式时，HSCB 不能合闸；馈线柜上的所有位置指示灯熄灭；隔离开关不能操作；复位之后，故障指示灯依然亮着；框架保护动作；缺少控制电压等。

（5）交直流系统

交流输入过欠压；空气开关脱扣；熔断器熔断告警；母线过欠压；母线接地；模块故障；微机装置黑屏；无法与 PSCADA 系统进行通信；数据显示不准；接地时支路阻值不准；均充不能转浮充；在远方模式下两路进线无法自切等。

（6）整流器

快熔损坏报警；电流传感器±15 V 电源故障；快熔损坏跳闸；桥臂有一只二极管损坏；温度超过跳闸设定值；逆流保护误动作等。

（7）主变压器

变压器渗漏油；瓦斯保护动作；差动保护动作；过流保护动作等。

（8）干式变压器

变压器受潮处理；变压器运行中未过负荷情况下有异响；变压器跳闸处理（绕组断裂、铁芯多点接地等）。

（9）电力电缆

外单位施工造成电缆破损；电缆制作工艺不合格导致运行中击穿放电；电缆外皮破损伤到外护套以内；电缆受潮导致泄漏电流增大，耐压试验不合格等。

复习题

1.变压器为什么不能使直流电变压？

2.主变差动保护和瓦斯保护有哪些区别？

3.在变电所交直流系统中，其直流电主要是为哪些部分提供电源的？

4.什么是自感现象和互感现象？

5.断路器越级跳闸应如何检查处理？

6.为什么变压器绝缘受潮后电容值随温度升高而增大？

7.对电力设备进行绝缘强度试验有什么重要意义？

8.在《规程》中为什么要突出测量发电机泄漏电流的重要性？

9.为什么要对电力设备做交流耐压试验？交流耐压试验有哪些特点？

10.直流馈线开关重合闸的条件是什么？

项目3 电力监控理论知识及实操技能

3.1 初级工理论知识及实操技能

3.1.1 理论知识

1)电力监控系统功能

电力监控系统采用分层分布式结构,除具有一般分布式系统的可靠性高、扩展性好、易施工维护、工程成本低等特点外,还具有逻辑闭锁及控制功能,可完成对供电系统设备的单控、顺控、群控及全站范围内的控制逻辑闭锁。电力监控系统图模库一体化的数据库管理系统以供电设备为对象,通过网络将变电所内的各电压等级的交流保护测控单元、直流保护测控单元、交直流电源系统监控单元等间隔层设备连接起来,完成对系统控制、监视、测量、保护、自动控制、所内自动化管理及远程通信等功能。

2)电力监控系统组成

（1）主监控单元原理及功能

主监控单元是变电所综合自动化系统的信息中心,它通过不同的通信介质和通信规约,对变电所内各种设备的信息进行采集处理,形成标准信息并通过数据通道传送到变电所监控计算机和中心监控系统。作为变电所综合自动化系统的信息中心,其具有以下主要功能:

①系统配置组态功能。

②通过梯形图完成顺序控制和逻辑闭锁控制。

③实现各种测控装置的通信和控制。

④实现国内、国外各种保护控制设备的通信和控制。

⑤实现双机、双网的冗余控制。

⑥通过数据通道或光纤接口实现远方通信。

⑦支持多种国内、国外通信协议,如 IEC 60870-5-101/102/103/104、Modbus、LonWorks、CAN、Profibus、SPABus 等。

⑧支持多种国内、国外智能设备的接入,如电度表、直流屏等。

⑨提供 HTTP、FTP、Telnet 等服务。

（2）测控装置原理及功能

测控装置采用模块化方法设计，具有完备的直流测量、开关量采集、控制等功能，可以通过 CAN 总线与主监控单元相连，构成面向对象的分布式变电站自动化系统。其具有以下主要功能：

①可靠的网络通信。

②测控单元配置灵活。

③人机界面功能齐全。

④完善的信号采集。

⑤安全可靠。

（3）网络通信层设备

电力监控系统采用光纤以太网，通过组网完成所内数字化信息传输，组网方式便于故障的查找与隔离。网络上数据交换采用信息块传输方式，通信协议暂定为 TCP/IP，系统的接口数量、标准及规约能满足变电所各种不同供电系统间隔单元接入的要求，网络节点容量不小于 64 个，预留一定的接口扩展容量。

网络通信层设备一般采用工业交换机。工业交换机的端口为全模块化，用户可以成对配置其所有端口，介质可根据需要自定义 RJ45 电口，百兆多模光口，或者百兆单模光口，任意混合配置。满足变电所综合自动化系统控制、测量、保护的通信技术要求。

3.1.2 实操技能

电力监控系统的日常维护主要以数据库备份及柜体清洁为主。通过检查设备外观是否良好，基础是否稳固，箱体、加锁装置是否完好；对设备运行状态、指示、表示进行监测、记录；检查指示是否异常；对配置文件、系统文件等重要文件进行备份等步骤确保电力监控系统的可靠稳定运行。

作为一名电力监控系统维护人员，需掌握以电力监控系统维护为主的实操技能。

3.2 中级工理论知识及实操技能

3.2.1 理论知识

电力监控系统控制信号盘网络通信层主要由所内通信网络、网络接口设备及远程通信网络组成。

1）所内通信网络

所内通信网络采用光纤以太网、串口 RS422\RS485、CAN 总线三种方式完成所内数字化信息传输。

①光纤以太网通信方式：主要由控制信号盘柜内光电交换机与安装在供电现场负责

数据传输的网络接口设备(串口以太网终端服务器)组成,并通过光纤以太网将数据传输至通信控制器进行采集和转发。

②串口 RS422\RS485 通信方式:即对时、交直流屏、整流器、整流变温控器、动力变温控器等现场设备,通过 RS422\RS485 串口通信方式,经 TX 端子排插梳转接后,直接接入通信控制器串口模块进行数据采集和转发。

③CAN 总线通信方式:即智能测控装置通过控制电缆采集的部分遥测、遥信数据,经CAN 总线的方式与通信控制器之间进行通信。

2)远程通信网络

远程通信网络指从主监控单元远程通信口至车站综合监控系统车站级网络交换机之间的通信网络。网络模式为主备冗余的光纤以太网,主监控单元配置两个冗余远程通信接口(光纤以太网口),分别连接到车站综合监控设备室内网络交换机的主备通道上,正常时,主通信接口处于工作状态,当主通信接口或主通道故障时,自动启动备用通信接口,使用备用通道。

3)各接口单元通信接线原理

供电系统各开关柜内测控保护单元本身不支持光纤以太网通信,电力监控系统在每个变电所为每类开关柜提供一套智能通信接口转换单元—光纤以太网接口转换设备。光纤以太网接口转换设备安装于开关柜内,完成与测控保护单元接口和规约的转换后接入所内通信网络交换机。

3.2.2 实操技能

系统软件是为主监控单元开发的组态工具,通过该组态工具可以对主监控单元进行参数配置和系统组态,主监控单元系统参数结构图如图 3.1 所示。

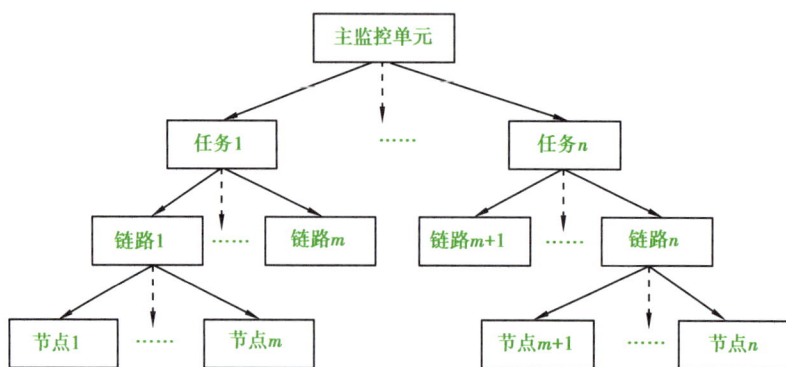

图 3.1 主监控单元系统参数结构图

系统软件的配置包括工程名、工程编号、主监控单元地址、对时设置(对时源和对时间隔)、冗余设置、网口设置、串口设置等。其中,网口、串口配置分为节点配置、链路配置两种。

1)节点配置注意事项

①节点配置显示所有的节点和节点的参数,包括已链接到链路上的节点和未链接到节点上的链路。

②节点的参数包括:节点 ID、节点名、任务名、链路名、设备属性、设备类型、FEP 地址、管理机地址、地点地址、遥测数量、遥信数量、遥控数量、遥脉数量、是否允许直控、通用数据块大小、通用数据块数量、节点 IP 地址、遥调数量等。

③节点 ID 为每个节点的标识,节点 ID 号不允许重复。

④节点名长度应小于等于 8 个字符(英文小于等于 16 个)。

⑤因任务是与链路关联的,所以任务名在节点配置中不允许修改,只能修改与该节点关联的链路。

⑥设备属性配置该节点属性为常规节点、网络节点、系统节点。

⑦设备类型配置该节点设备的类型,主监控单元软件通过该类型判断采用该节点数据处理方式。

⑧管理机地址用于主监控单元与带通信管理机的设备通信,通信协议中带有通信管理机的地址时,设置通信管理机的地址。

⑨节点地址是该节点设备的实际地址。

⑩遥测数量、遥信数量、遥控数量、遥脉数量、通用数据块大小、通用数据块数量、遥调数量用于定义该节点的数据库的大小。

2)链路配置注意事项

①链路配置显示所有的链路和链路参数,包括已链接到任务上的链路和未链接到链路上的链路。

②链路参数包括:链路 ID、链路名、任务名、链路类型、串口号、IP 地址、端口号、转发表、是否双值班、切换时间等。

③链路 ID 为每个链路的标志,链路 ID 号不允许重复。

④链路名长度应小于等于 8 个字符(英文小于等于 16 个)。

⑤任务名显示与该链路链接的任务的名称,可以通过下拉框选择。

⑥链路类型包括串口链路、TCP/CLIENT、TCP/SERVER、CAN 网链路、UDP、虚拟链路等。

⑦以太网链路需设定 IP 地址和端口号。

⑧如果该链路需向外转发数据还需设定转发表号。

⑨如果通信控制器是冗余的,还要配置是否双值班和切换时间等参数。

⑩在链路表左侧双击该链路可显示该链路链接的节点,在该链路的节点表中可创建节点、删除节点、链接已有节点、删除与节点的链接关系。

3)任务配置注意事项

①任务配置参数包括任务 ID、任务名、规约、串口号、转发表等。

②任务 ID 为每个任务的标识,任务 ID 号不允许重复。

③任务名长度应小于等于 8 个字符(英文小于等于 16 个)。

④串口号为访任务所用的串口号。

⑤如果该任务需向外转发数据,还需设定转发表号。

⑥在任务表左侧双击该任务可显示该任务链接的链路,在该任务的链路表中可创建链路、删除链路、链接已有链路、删除与链路的链接关系,在该任务的链路表左侧双击,还可打开相应的节点列表,进行节点配置。

3.3 高级工理论知识及实操技能

3.3.1 理论知识

1)电力监控系统主控项目

(1)设备安装要求

①设备到达现场应进行检查,外表完好,无破损现象,设备及附件齐全。其规格、型号应符合设计要求,各种接插件的规格应与设备接口互相一致,且符合订货合同要求。

②监控系统各个模块单元的安装应符合场频说明书和设计文件的规定,监控功能完好,系统运行正常,各类数值与现场显示一致。监控主机及其外设的配置方案和位置应便于维护人员操作及监视,所有通信端口的连接应符合产品规定。

③操作系统的系统软件和应用软件安装应符合设计和产品技术要求。监控终端各输入接口与遥控、遥测、遥信对象的输出接口相互对应。监控终端交、直流输入电源的电压和极性符合产品的技术规定。

④电缆接线正确、无误,插件连接紧密可靠。设备接地应符合设计要求,接地可靠。

(2)设备调试规定

①当地监控、当地维护、数据采集与传输、数据预处理及当地和远程通信功能应符合设计规定。

②系统应能接受并正确执行电力调度所下达的全部指令。电气设备的位置信号能够在该设备的控制装置及变电所的中央信号控制盘或模拟盘上及远动终端准确显示。

③预告及事故音响信号能够在变电所内按规定的方式正确表示。具有自动复归功能的音响信号能够按规定时限自动返回或停止。各种信号装置反映的信息应能够完整准确地向上级管理中心传输,并正确再现。

(3)设备试验及测试要求

①控制信号盘及监控主机正式送电前,对二次回路配线或数据传输电缆进行详细检查及有关的绝缘测试。

②根据产品的技术规定,通过当地监控主机或利用便携机通过应急控制模块单元分别对每一个间隔内的电气装置进行单体传动试验及相互的闭锁功能检查,应符合设计规定。

2)电力监控系统一般项目

①系统设备标识清晰,连接线连接正确,排列整齐。

②变电所内任何智能装置发生故障时,均应发出报警,单个智能装置故障不影响整个网络的运行。任何智能装置的故障报警信息均能在控制中心监控系统的画面上显示并报警。

③变电所内智能设备网络通信接口模块以及用于所内监控、软件维护、设备调试的人机接口等的组成应符合设计要求。

④变电所的 AC 35KV 和 DC 1500V 系统采用的综合监控保护设备,实现对供电系统设备的控制和监视及运行数据的测量、保护应符合设计要求。

⑤当地监控主机的控制、测量、信号显示功能应符合设计要求。

⑥中央级的电力调度工作站应实现对供电系统设备的控制和监视及运行数据的测量、保护应符合设计要求。

3.3.2 实操技能

1)库文件及系统文件的管理及维护

(1)库文件及系统文件管理

为规范备份管理工作,合理存储历史数据及保证数据的安全性,防止因硬件故障、意外断电、病毒等因素造成数据的丢失,保证电力监控系统稳定运行,对软件版本、数据备份等相关工作进行了明确规定。

根据系统运行实际情况将数据分为一般数据和重要数据,一般数据主要指后台监控软件记录的变电所运行的历史采样和历史时间库等文件;重要数据主要包括通信控制器系统文件和系统工程配置文件等。库文件及系统文件根据生产计划由专人进行备份,班组整理后将一般数据交由统计员进行管理,数据有效期为一年;重要数据交由专业负责人进行统一管理,遇系统升级或现场设备变更需进行系统文件修改时,按照软件管理控制单的流程和要求进行且须对修改后的文件进行重新备份并覆盖原备份。数据备份工作须在检修台账或软件管理控制单中详细记录。

(2)库文件及系统文件维护

为保证系统运行稳定性,减少系统感染病毒的途径,在进行数据备份或上传时须使用经有最新病毒库的杀毒软件处理过的专用移动存储设备进行转移。同时,定期在后台机安装有最新病毒库的杀毒软件对后台监控主机进行查杀毒处理;日常生产管理中,对后台机的 USB 接口进行封口处理,使用时恢复其接口功能;备份数据使用的存储设备要求使用专用移动存储设备进行数据转接,禁止人员私自连接其他移动存储设备。

2)电力监控系统报文解析

(1)Modbus RTU 实例分析

要熟练掌握报文分析除前面章节介绍完通信协议的基本知识外,还需要了解主/从机对应的设备点表,下文以 Modbus 通信协议的实例对报文进行分析解读。

主机至交流屏的遥信查询:

报文为:02 01 01 00 00 C0 3D 95,格式见表3.1。

表 3.1　报文格式

子站地址 A
功能码 01H
起始位地址(高位)
起始位地址(低位)
读数据位数(高位)
读数据位数(低位)
CRC 校验码低 8 位 CRC_L
CRC 校验码高 8 位 CRC_H

Modbus 报文分析如下:

02:交流屏地址。

01:功能码,代表遥信(DI)。

01 00:起始位地址,代表遥信从第 0100H 点开始。

00 C0:代表读多少个遥信(DI),此处为 192 个。

3D 95:校验码。

交流屏响应的报文:

02 01 18 11 04 04 04 00 00 00 00 00 00 00 00 00 00 00 00 00 00 00 00 00 00 00 3C 08,格式如图 3.2 所示。

T: 01 03 00 00 00 34 44 1d Typt=TEP-I-G YC,SlaveAdd=1

R: 01 03 68 0f 9c 0f bb 0f a4 0f 97 0f 85 0f a7 04 ba 00 23 04 b6 04 48 02 21 00

  00 00 01 04 b4 00 00 00 fa 27 0f 27 0f 00 00 00 00 04 ba 00 23 01 a0 00 40 00 20 1d

  00 55 00 0f b0 f9 00 00 00 00 00 00 00 00 00 00 00 00 00 00 00 00 00 00 00

  00 00 00 00 09 10 09 1c 09 15 00 23 00 07 00 01 09 0e 09 1d 09 18 00 01 00 01 00

  00 81 28 ff

图 3.2　报文格式

Modbus 报文分析如下:

02:交流屏地址。

01:功能码。

18:字节个数。

11:第一个字节,从这个字节提取 8 个位,即 10001000,可以知道第一个和第四个遥信是合位。

(2)Modbus TCP/IP 实例分析

主机查询报文如下:19 B2 00 00 00 06 06 03 00 27 00 02 为 modbus tcp/ip 协议格式。

其前面的 6 个字节为头字节,即:19 B2 00 00 00 06,其中 19 B2 两个字节是 Client 端发出的检验信息,Sever 端只是需要将这两个字节的内容复制以后再放到回复的报文的相应位置就可以了,00 00 两个字节表示 TCP/IP 协议的 Modbus 协议,00 06 两个字节表示

header handle 后面还有多长的字节,即表示该字节以后的字节长度,可以看到在 00 06 后面还有"06 03 00 27 00 02"6 个字节,所以这两个字节表示的就是 6。

PDU(协议数据单元):06 03 00 27 00 02,06 表示 Slave address;03 为 Fuction code;00 27 表示 Client request 的寄存器地址,00 02 表示 request 寄存器的长度(寄存器个数)。

从机回复报文:19 B2 00 00 00 07 06 03 04 00 00 00 00,Header handle:19 B2 00 00 00 07,19 B2 为 Server 端返回的检验码,copy from Client request,其他的表示与客户端的表示相同。

PDU(协议数据单元):06 03 04 00 00 00 00,06 表示 Slave address 从地址数;03 表示 Function code,04 表示回复给 Client request 需要读的寄存器的值的个数。

复习题

1.电力监控系统调试规定有哪些?

2.电力监控系统集成建设模式的构成及数据通道要求是什么?

3.电力监控系统采用哪三级控制方式?

4.库文件及系统文件维护规定?

5.主机至交流屏的遥信命令报文为:02 01 01 00 00 C0 3D 95,交流屏响应的报文为:02 01 18 11 04 04 04 00 00 00 00 00 00 00 00 00 00 00 00 00 00 00 00 00 00 00 3C 08,请进行分析。

项目4　常用测量仪表、安全工器具的使用及维护

4.1　常用测量仪表的使用及维护

4.1.1　数字万用表

数字万用表是一种多用途电子测量仪器,如图4.1所示,一般包含安培计、电压表、欧姆计等功能,有时也称为万用计、多用计、多用电表或三用电表。

图 4.1　数字万用表

1)电阻测量

(1)测量步骤

①首先将红表笔插入VΩ孔,黑表笔插入COM孔。

②量程旋钮打到"Ω"量程挡适当位置。

③分别用红黑表笔接到电阻两端金属部分。

④读出显示屏上显示的数据。

(2)注意事项

①量程的选择和转换。量程选小了,显示屏上会显示"1."。此时应换用较大的量程;反之,量程选大了的话,显示屏上会显示一个接近于"0"的数,此时应换用较小的量程。

②显示屏上显示的数字再加上单位就是它的读数。

③如果被测电阻值超出所选择量程的最大值,将显示过量程"1",应选择更高的量程,对于大于1 MΩ或更高的电阻,要几秒钟后读数才能稳定,这是正常的。

④当没有连接好时,例如开路情况,仪表显示为"1"。

⑤当检查被测线路的阻抗时,要保证移开被测线路中的所有电源,所有电容放电。被测线路中,如有电源和储能元件,会影响线路阻抗测试正确性。

⑥万用表的200 MΩ挡位,短路时有10个字,测量一个电阻时,应从测量读数中减去这10个字。如测一个电阻时,显示为101.0,应从101.0中减去10个字。被测元件的实际阻值为100.0,即100 MΩ。

2)直流电压的测量

(1)测量步骤

①红表笔插入VΩ孔。

②黑表笔插入 COM 孔。

③量程旋钮打到 V-或 V~适当位置。

④读出显示屏上显示的数据。

（2）注意事项

①把旋钮选到比估计值大的量程挡(注意:直流挡是 V-,交流挡是 V~),接着把表笔接电源或电池两端;保持接触稳定。数值可以直接从显示屏上读取。

②若显示为"1.",则表明量程太小,那么就要加大量程后再测量。

③若在数值左边出现"-",则表明表笔极性与实际电源极性相反,此时红表笔接的是负极。

3)交流电压的测量

（1）测量步骤

①红表笔插入 VΩ 孔。

②黑表笔插入 COM 孔。

③量程旋钮打到 V-或 V~适当位置。

④读出显示屏上显示的数据。

（2）注意事项

①表笔插孔与直流电压的测量一样,不过应该将旋钮打到交流挡"V~"处所需的量程。

②交流电压无正负之分,测量方法跟前面相同。

③无论测交流还是直流电压,都要注意人身安全,不要随便用手触摸表笔的金属部分。

4)直流电流的测量

（1）测量步骤

①断开电路。

②黑表笔插入 com 端口,红表笔插入 mA 或者 20A 端口。

③功能旋转开关打至 A~(交流)或 A-(直流),并选择合适的量程。

④断开被测线路,将数字万用表串联入被测线路中,被测线路中电流从一端流入红表笔,经万用表黑表笔流出,再流入被测线路中。

⑤接通电路。

⑥读出 LCD 显示屏数字。

（2）注意事项

①估计电路中电流的大小。若测量大于 200 mA 的电流,则要将红表笔插入"10 A"插孔并将旋钮打到直流"10A"挡;若测量小于 200 mA 的电流,则将红表笔插入"200 mA"插孔,将旋钮打到直流 200 mA 以内的合适量程。

②将万用表串进电路中,保持稳定,即可读数。若显示为"1.",那么就要加大量程;如果在数值左边出现"-",则表明电流从黑表笔流进万用表。

③其余与交流注意事项大致相同。

5)交流电流的测量

（1）测量步骤

①断开电路。

②黑表笔插入 COM 端口,红表笔插入 mA 或者 20 A 端口。

③功能旋转开关打至 A~(交流)或 A-(直流),并选择合适的量程。

④断开被测线路,将数字万用表串联入被测线路中,被测线路中电流从一端流入红表笔,经万用表黑表笔流出,再流入被测线路中。

⑤接通电路。

⑥读出 LCD 显示屏数字。

（2）注意事项

①测量方法与直流相同,不过应该打到交流挡位。

②电流测量完毕后应将红笔插回"VΩ"孔。

③如果使用前不知道被测电流范围,将功能开关置于最大量程并逐渐下降。

④如果显示器只显示"1",表示过量程,功能开关应置于更高量程。

⑤表示最大输入电流为 200 mA,过量的电流将烧坏保险丝,应再更换。20 A 量程无保险丝保护,测量时不能超过 15 s。

6)二极管的测量

（1）测量步骤

①红表笔插入 VΩ 孔,黑表笔插入 COM 孔。

②转盘打在导通挡。

③判断正负。

④表笔接二极管正,黑表笔接二极管负。

⑤读出 LCD 显示屏上数据。

⑥两表笔换位,若显示屏上为"1",正常;否则,此管被击穿。

（2）注意事项

红表笔插入 VΩ 孔,黑表笔插入 COM 孔,转盘打在导通挡,然后颠倒表笔再测一次。如果两次测量的结果是:一次显示"1"字样,另一次显示零点几的数字,那么此二极管就是一个正常的二极管。假如两次显示都相同的话,那么此二极管已经损坏。LCD 上显示的数字即是二极管的正向压降:硅材料为 0.6 V 左右;锗材料为 0.2 V 左右。根据二极管的特性,可以判断此时红表笔接的是二极管的正极,而黑表笔接的是二极管的负极。

7)数字万用表使用注意事项

①如果无法预先估计被测电压或电流的大小,则应先拨至最高量程挡测量一次,再视情况逐渐把量程减小到合适位置。测量完毕,应将量程开关拨到最高电压挡,并关闭电源。

②满量程时,仪表仅在最高位显示数字"1",其他位均消失,这时应选择更高的量程。

③测量电压时,应将数字万用表与被测电路并联。测电流时应与被测电路串联,测直

流量时不必考虑正、负极性。

④当误用交流电压挡去测量直流电压,或者误用直流电压挡去测量交流电时,显示屏将显示"000",或低位上的数字出现跳动。

⑤禁止在测量高电压(220 V 以上)或大电流(0.5 A 以上)时换量程,以防止产生电弧,烧毁开关触点。

⑥当万用表的电池电量即将耗尽时,若仍进行测量,测量值会比实际值偏高。

4.1.2 钳型电流表

钳形电流表的结构如图 4.2 所示。

测试钳口

品牌标示

量程开关

钳口扳机

显示屏幕

操作按键

测试插孔

图 4.2　钳形电流表的结构及原理

钳形电流表与普通电流表不同,它由电流互感器和电流表组成,可在不断开电路的情况下测量负荷电流,但只限于在被测线路电压不超过 500 V 的情况下使用。

1)原理简介

钳形电流表是利用电磁感应的原理,被测导线相当于带电主线圈,钳口相当于铁芯。钳口卡住导线时,带电导线有电流通过时,导线自身产生的磁场感应到钳口的铁芯,使铁芯内部产生磁通。而电流表铁芯上面还缠绕着一个副线圈,磁通会使副线圈也产生一个磁通,铁芯内部的两个磁通相互阻碍。这时会使副线圈两端产生一个电流数据。这个数据经电流表内部集成电路处理后会在电表上面的显示屏上面读出导线(也就是主线圈)所流过的电流数据。

2)使用方法

①测量前,应先检查钳形铁芯的橡胶绝缘是否完好无损。钳口应清洁、无锈,闭合后无明显的缝隙。

②测量时,应先估计被测电流大小,选择适当量程。若无法估计,可先选较大量程,然后逐档减少,转换到合适的档位。转换量程档位时,必须在不带电情况下或者在钳口张开情况下进行,以免损坏仪表。

③测量时,被测导线应尽量放在钳口中部,钳口的结合面如有杂声,应重新开合一次,如仍有杂声,应处理结合面,以使读数准确。另外,正常测量时不可同时钳住两根导线。

④测量 5 A 以下电流时,为得到较为准确的读数,在条件许可时,可将导线多绕几圈,放进钳口测量,其实际电流值应为仪表读数除以放进钳口内的导线根数。

⑤每次测量前后,要把调节电流量程的切换开关放在最高挡位,以免下次使用时,因超过量程而损坏仪表。

3)注意事项
①被测线路的电压要低于钳表的额定电压。

②测高压线路的电流时,要戴绝缘手套,穿绝缘鞋,站在绝缘垫上。

③钳口要闭合紧密,不能带电换量程。

4.1.3　绝缘电阻表

1)手摇式绝缘摇表(图 4.3)
(1)使用前的准备工作

①检查兆欧表是否能正常工作。将兆欧表水平放置,空摇兆欧表手柄,指针应该指到∞处,再慢慢摇动手柄,使 L 和 E 两接线桩输出线瞬时短接,指针应迅速指零。注意在摇动手柄时不得让 L 和 E 短接时间过长,否则将损坏兆欧表。

②检查被测电气设备和电路,看是否已全部切断电源。绝对不允许设备和线路带电时用兆欧表去测量。

③测量前,应对设备和线路先行放电,以免设备或线路的电容放电危及人身安全和损坏兆欧表,这样还可以减少测量误差,同时注意将被测试点擦拭干净。

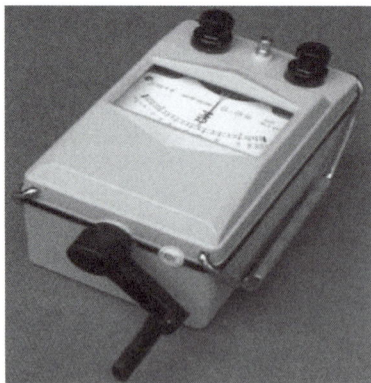

图 4.3　手摇式绝缘摇表

(2)使用方法

①兆欧表必须水平放置于平稳牢固的地方,以免在摇动时因抖动和倾斜产生测量误差。

②接线必须正确无误,兆欧表有三个接线桩:"E"(接地)、"L"(线路)和"G"(保护环或叫屏蔽端子)。保护环的作用是消除表壳表面"L"与"E"接线桩间的漏电和被测绝缘物表面漏电的影响。在测量电气设备对地绝缘电阻时,"L"用单根导线接设备的待测部位,"E"用单根导线接设备外壳;如测电气设备内两绕组之间的绝缘电阻时,将"L"和"E"分别接两绕组的接线端;当测量电缆的绝缘电阻时,为消除因表面漏电产生的误差,"L"接线芯,"E"接外壳,"G"接线芯与外壳之间的绝缘层。"L""E""G"与被测物的连接线必须用单根线,绝缘良好,不得绞合,表面不得与被测物体接触。

③摇动手柄的转速要均匀,一般规定为 120 转/min,允许有±20%的变化。通常都要摇动一分钟后,待指针稳定下来再读数。如被测电路中有电容时,先持续摇动一段时间,

让兆欧表对电容充电,指针稳定后再读数,测完后先拆去接线,再停止摇动。若测量中发现指针指零,应立即停止摇动手柄。

④测量完毕,应对设备充分放电,否则容易引起触电事故。

⑤禁止在雷电时或附近有高压导体的设备上测量绝缘电阻。只有在设备不带电又不可能受其他电源感应而带电的情况下才可测量。

⑥兆欧表未停止转动以前,切勿用手去触及设备的测量部分或兆欧表接线桩。拆线时也不可直接去触及引线的裸露部分。

⑦兆欧表应定期校验。校验方法是直接测量有确定值的标准电阻,检查其测量误差是否在允许范围以内。

2)电子式绝缘兆欧表(图4.4)

(1)使用前的准备工作

①测量前必须将被测设备电源切断,并对地短路放电,决不允许设备带电进行测量,以保证人身和设备的安全。

②对可能感应出高压电的设备,必须消除这种可能性后才能进行测量。

③被测物表面要清洁,减少接触电阻,确保测量结果的正确性。

图4.4 电子式绝缘兆欧表

④测量前要检查数字兆欧表是否处于正常工作状态,主要检查其"0"和"∞"两点。启动数字兆欧表,在短路时应指在"0"位置,开路时应指在"∞"位置。

⑤数字兆欧表使用时应放在平稳、牢固的地方,且远离大的外电流导体和外磁场。

(2)使用方法

当用数字兆欧表摇测电气设备的绝缘电阻时,一定要注意"L"和"E"端不能接反,正确的接法是:"L"线端钮接被测设备导体,"E"地端钮接设备外壳,"G"屏蔽端接被测设备的绝缘部分。如果将"L"和"E"接反了,流过绝缘体内及表面的漏电流经外壳汇集到地,由地经"L"流进测量线圈,使"G"失去屏蔽作用而给测量带来很大误差。另外,因为"E"端内部引线同外壳的绝缘程度比"L"端与外壳的绝缘程度要低,当数字兆欧表放在地上使用,采用正确接线方式时,"E"端对仪表外壳和外壳对地的绝缘电阻,相当于短路,不会造成误差,而当"L"与"E"接反时,"E"对地的绝缘电阻同被测绝缘电阻并联,而使测量结果偏小,给测量带来较大误差。

4.1.4 游标卡尺

图4.5 游标卡尺

试用前用软布将量爪擦干净,使其并拢,查看游标和主尺身的零刻度线是否对齐。如果对齐就可以进行测量;如没有对齐则要记取零误差;游标的零刻度线在尺身零刻度线右侧的叫正零误差,在尺身零刻度线左侧的叫负零误差(规定方法与数轴的规定一致,原点以右为正,原点以左为负)。

测量时,右手拿住尺身,大拇指移动游标,左手拿待测外径(或内径)的物体,使待测物位于外测量爪之间,当与量爪紧紧相贴时,即可读数。

当测量零件的外尺寸时,卡尺两测量面的连线应垂直于被测量表面,不能歪斜。测量时,可以轻轻摇动卡尺,放正垂直位置,否则,量爪若在错误位置上,将使测量结果比实际尺寸要大;先把卡尺的活动量爪张开,使量爪能自由地卡进工件,把零件贴靠在固定量爪上,然后移动尺框,用轻微的压力使活动量爪接触零件。如卡尺带有微动装置,此时可拧紧微动装置上的固定螺钉,再转动调节螺母,使量爪接触零件并读取尺寸。决不可把卡尺的两个量爪调节到接近甚至小于所测尺寸,把卡尺强行卡到零件上去。这样做会使量爪变形,或使测量面过早磨损,使卡尺失去应有的精度。

4.1.5 MicroScanner^2 电缆检测仪

1)按键介绍(图 4.6)

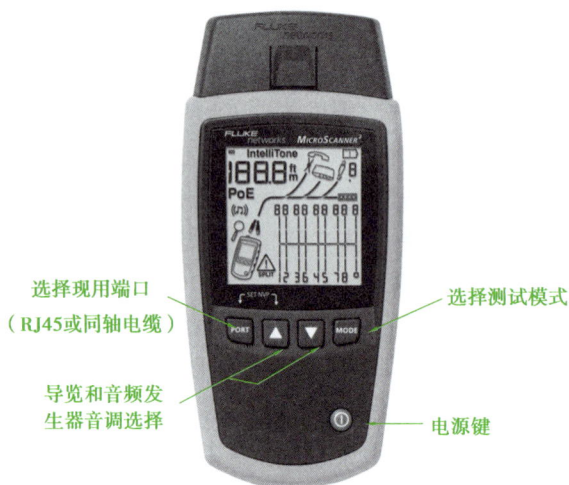

图 4.6 MicroScanner^2 电缆检测仪按键介绍

2)测试步骤

①按电源键启动测试仪。

②按"PORT"键,在双绞线"▮"和同轴电缆"▮"模式之间切换。

③连接如图 4.7、图 4.8 所示。

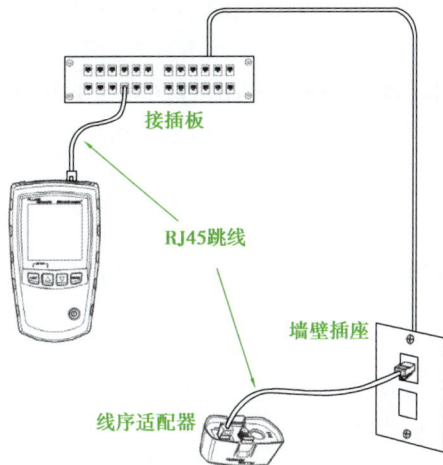

图 4.7　连接到双绞线网络布线图

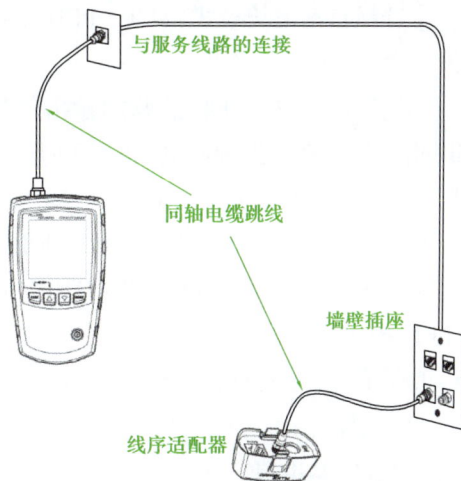

图 4.8　连接到同轴电缆布线图

4.1.6　光功率仪及光纤测试工具

1)光功率仪和光源的功能(图 4.9)

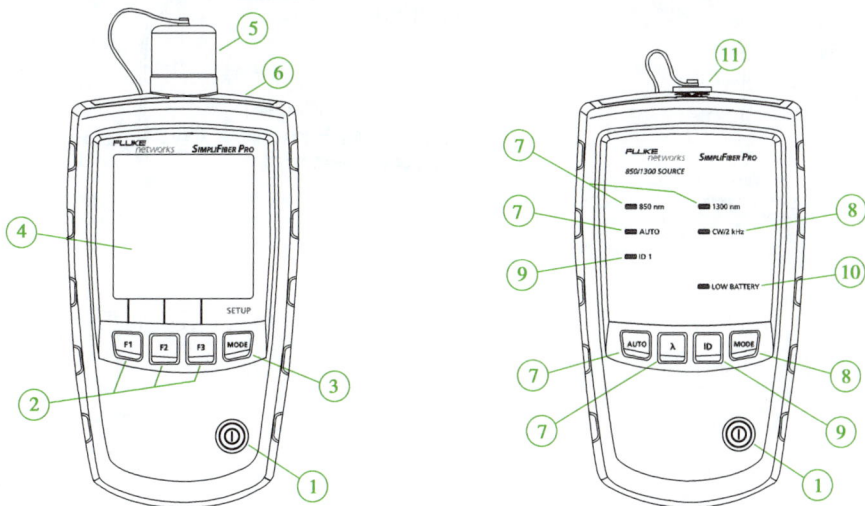

图 4.9　光功率仪和光源的功能图

图中各序号的解释如下:

①开关键。

②软按键,根据当前屏幕显示提供相应功能,功能显示在按键的上方。

③选择光功率仪测试模式,要进入设置模式,长按此键 4 s。

④液晶显示屏。

⑤带有可互换连接适配器的输入端口。

⑥用于上传测试记录至个人电脑的 USB 端口。

⑦选择自动波长模式，AUTO LED 指示灯点亮，按 λ 键改变波长，波长 LED 指示灯表示波长。

⑧连续波与 2 000 赫兹调制输出信号之间的切换键。当连续输出时，CW/2 kHz 的 LED 指示灯点亮。当调制输出时，LED 指示灯闪烁。当光源同非 SimpliFiber Pro 光功率仪同时使用时，使用这两个模式。

⑨选择 FindFiber 模式。当光源处于 FindFiber 模式时，IDLED 指示灯点亮。

⑩当电池电量低时，LOW BATTERY LED 指示灯连续闪烁。如果自动关机功能关闭，则 LED 指示灯间歇闪烁。

⑪带有 SC 型适配器的输出端口。

2）测量损耗

（1）设定基准值

①清洁光功率仪、光源以及测试基准线上的所有连接器。使用光纤光学溶剂以及光学拭布或者棉签清洁连接器。

②打开光功率仪及光源并让它们预热 5 min。如果设备储藏于高于或低于周围温度的环境下，那么允许预热更久的时间。

③如图 4.10 所示进行连接。

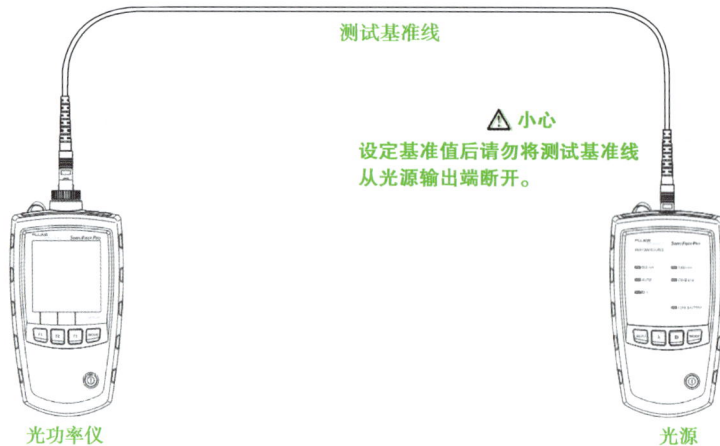

图 4.10　基准连接图

④如果光源上的 AUTO LED 指示灯没亮，按 AUTO 键。如果你想给各波长同时设定基准值，那么长按 λ 键直至波长 LED 指示灯交替闪烁。

⑤长按光功率仪上的 MODE 键直至 POWER 出现。当 Min 或 Max 出现在显示屏上，你不能设定基准值。在功率模式下设置基准值，可以让你在将光源功率数值保存为基准值之前看到该光源功率的数值。你也可以在损耗模式下设置基准值。

⑥按 F3 TSET REF 键，光功率仪切换至损耗模式，屏幕显示 0.00 dB，闪现 OK，同时出现新的基准值。如果基准值小于-60 dBm，或者光源正处于 ID 或 2 kHz 模式，则光功

率仪闪现 **FAIL** 和 **OK** 。此时应检查所有连接及光源模式,或者使用另外一根测试基准线再次设定基准值。

（2）测量步骤

①清洁链路上待测试的连接器,以及另一根测试基准线上的连接器。使用光纤光学溶剂以及光学拭布或者棉签来清洁连接器。

②断开测试基准线与光功率仪之间的连接,然后进行连接,如图4.11所示。

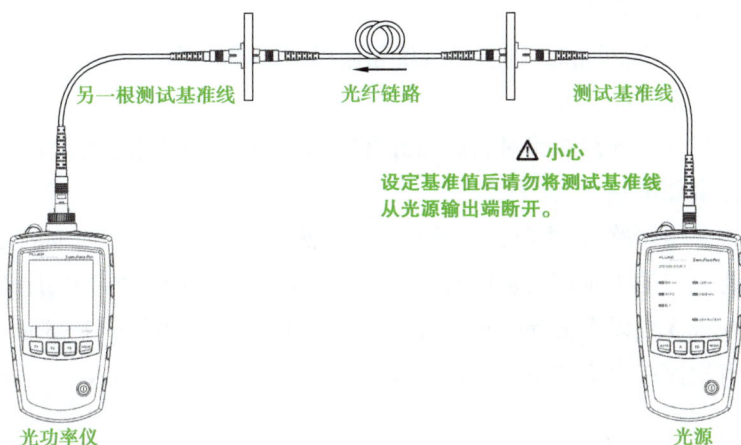

图 4.11　损耗测量连接图

③长按光功率仪上的 MODE 键直至"LOSS"出现。

④如果光源的 AUTO LED 没有点亮,按下 AUTO 键。

⑤如果你想要光源自动切换波长,那么长按 λ 键直至波长的 LED 指示灯交替闪烁。或者你可以按 λ 键,根据需要切换波长。

⑥要保存测量值,按下 F1 SAVE 键。光功率仪短暂显示记录编号以及 OK。如果光源自动切换波长,那么光功率仪将在一笔记录中保存所有波长的测量值。

4.1.7　网线测试仪

1）网络测线仪

常规接法:橙白 1 橙 2 绿白 3 蓝 4 蓝白 5 绿 6 棕白 7 棕 8。

交叉接法:绿白 3 绿 6 橙白 1 蓝 4 蓝白 5 橙 2 棕白 7 棕 8。

使用方法:

将网线两端的水晶头分别插入主测试仪和远程测试端的 RJ45 端口,将开关拨到"ON"（S 为慢速挡）,这时主测试仪和远程测试端的指示头就应该逐个闪亮。

①直通连线的测试:测试直通连线时,主测试仪的指示灯应该从 1~8 逐个闪亮,而远程测试端的指示灯也应该从 1~8 逐个闪亮。如果是这种现象,说明直通线的连通性没问题,否则就得重做。

②交错线连线的测试：测试交错连线时，主测试仪的指示灯也应该从 1~8 逐个闪亮，而远程测试端的指示灯应该是按 3、6、1、4、5、2、7、8 的顺序逐个闪亮。如果是这样，说明交错连线连通性没问题，否则就得重做。

③若网线两端的线序不正确时，主测试仪的指示灯仍然从 1~8 逐个闪亮，只是远程测试端的指示灯将按与主测试端连通的线号的顺序逐个闪亮。也就是说，远程测试端不能按①和②的顺序闪亮。

2）导线断路测试的现象

①当有 1~6 根导线断路时，则主测试仪和远程测试端的对应线号的指示灯都不亮，其他的灯仍然可以逐个闪亮。

②当有 7 根或 8 根导线断路时，则主测试仪和远程测试端的指示灯全都不亮。

3）导线短路测试的现象

①当有两根导线短路时，主测试仪的指示灯仍然按 1~8 的顺序逐个闪亮，而远程测试端两根短路线所对应的指示灯将被同时点亮，其他的指示灯仍按正常的顺序逐个闪亮。

②当有 3 根或 3 根以上的导线短路时，主测试仪的指示灯仍然从 1~8 逐个闪亮，而远程测试端的所有短路线对应的指示灯都不亮。

4.2 常用安全工器具使用及维护

4.2.1 验电器

验电器是一种用来检查高压线路和电力设备是否带电的工具，是变电所常用的最基本的安全用具，如图 4.12 所示。

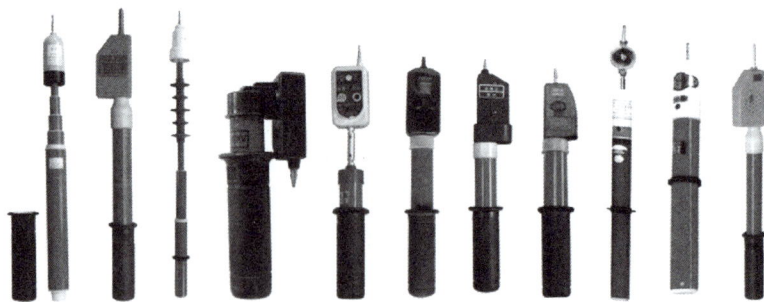

图 4.12 验电器

使用注意事项：

①投入使用的高压验电器必须是经电气试验合格的验电器，高压验电器必须定期试验，确保其性能良好。

②使用高压验电器必须穿戴高压绝缘手套、绝缘鞋,并有专人监护。

③在使用验电器之前,应首先检验验电器是否良好,还应在电压等级相适应的带电设备上检验报警正确,方能到需要接地的设备上验电,禁止使用电压等级不对应的验电器进行验电,以免现场测验时得出错误的判断。

④验电时必须精神集中,不能做与验电无关的事,如接打手机等,以免错验或漏验。

⑤对线路的验电应逐相进行,对联络用的断路器或隔离开关或其他检修设备验电时,应在其进出线两侧各相分别验电。

4.2.2 接地线

在电力系统中,接地线(图 4.13)是为了在已停电的设备和线路上意外地出现电压时保证工作人员安全的重要工具。根据要求,交流接地线是横截面积不小于 25mm^2 的裸铜软线,直流接地线是横截面积不小于 70 mm^2 的裸软铜线。

①当高压线路或设备检修时,为防止突然送电,应将电源侧的三相架空线或母线用接地线临时接地。

②防止相邻高压线路或设备对停电线路或设备产生感应电压对人体造成危害,或停电检修设备或线路可能产生

图 4.13 接地线

感应电压对人体造成危害,应将停电检修线路或设备的有关部位用接地线临时接地。

③在停电后的设备上作业时,应用接地线将设备上的剩余电荷用临时接地线放掉。

④接地前,必须对所有需要接地的电气设备进行验电,确认无电后方可接地。

⑤对于有可能送电至停电作业设备上的有关部分均要分别装设接地线。在停电作业的设备上如可能产生感应电压且危及人身安全时应增设接地线。所有装设的临时接地线与带电部分应保持规定的安全距离,并应装设在作业人员可见到的地方。

⑥当变电所停电时,在可能来电的各路进出线均要分别验电并分别装设接地线。当部分停电时,若作业地点分布在电气设备不相连的几个部分时,则各作业地点应分别验电接地。

⑦对于临时接地线,应先接接地端再将另一端通过接地杆接在停电设备裸露的导电部分上;拆除接地线时,其顺序与装设时相反。

⑧电缆及电容器接地前应逐相充分放电,星形接线电容器的中性点应接地,串联电容器及与整组电容器脱离的电容器应逐个放电,装在绝缘支架上的电容器外壳也应放电。

⑨接地线须用专用线夹,连接牢固,接触良好,严禁缠绕。

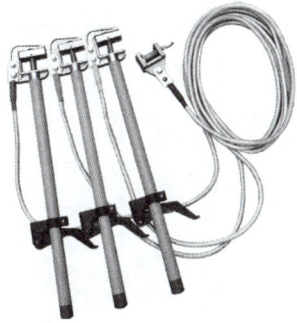

4.2.3 常用安全工具的试验标准

表 4.1 常用安全工具的试验标准

序号	名称	周期 /月	电压等级 /kV	试验电压 /kV	负荷 /kg	时间 /min	泄漏电流 /mA	合格标准
1	绝缘棒、杆、滑轮	12	110	4 倍相电压	—	5	—	无过热、击穿和变形
			33	132				
			1.5	10				
2	绝缘绳	6	高压	105(0.5 m)	—	5	—	
3	绝缘手套	6	高压	8	—	1	≤9	
			低压	2.5			≤2.5	
4	绝缘靴	6	高压	15	—	1	≤6	
5	绝缘梯	6	—	2.5 cm		5	—	
6	验电器	6	33	105	—	5	—	无过热、击穿和变形发光电压不高于额定电压的 25%
			1.5	10				
7	梯子	12	—	—	200	5	—	任一级梯蹬加负荷后不得有裂损和永久变形
8	绳子	12	—	—	$2P_H$	5	—	无破损和断股
9	安全带	6	—	—	225	5	—	无破损

项目5 变电典型故障案例

5.1 变电设备系统典型故障案例

5.1.1 某牵混所106B框架保护跳闸信号故障分析

1)事件经过

某牵混所106B开关柜保护装置接收到"框架保护联跳动作"信号但开关未出现跳闸,为查找故障原因,车间申请计划于当日对该故障进行排查分析,对相应的联跳继电器进行检查更换,对各项功能进行验证后恢复送电。

2)故障处理过程及原因分析

(1)对开关柜故障进行处理

变电专业人员对106B开关柜故障进行处理,结合故障现象及后台机报文,首先对106B开关保护装置报文下载分析发现当日106B开关保护装置确实收到跳闸信号,但未出口跳闸,而107B开关保护装置未接收到任何信号。

(2)确认保护装置功能是否正常

为确认106B、107B保护装置功能是否正常,作业人员一一对保护装置进行功能验证,确认设备及保护装置能正常动作。

(3)对继电器及二次线缆进行检查

通过功能验证,可以确认保护装置正常,因此继电器或二次线缆可能存在问题,因此进一步对直流端子柜以及106B开关柜跳闸回路相应线缆进行检查,但没有发现破皮短路等异常现象,106B断路器可以实现正常的分合闸以及跳闸。

查看图纸,对端子柜K13B框架保护联跳继电器进行检查,发现当手动将继电器压片轻轻压下,出现了106B柜断路器框架保护跳闸,而107B没有相应的故障信号及跳闸记录情况。这种现象与当日"106B的框架保护联跳动作、恢复"现象基本一致,只是当日106B断路器没有发生跳闸。

后续经过反复分析,发现当日框架保护动作信号的时间只有14 ms,然后作业组经过多次测试,框架保护信号时间最短为34 ms时,106B柜会报出和22日一致的报文以及信息记录并且会出现跳闸。由于人工无法模拟出只有14 ms的故障时间,因此无法验证在14 ms下开关是否会跳闸。

后期专业将当日的故障报文反馈至保护装置售后厂家,厂家给出答复是保护装置的跳闸命令需保持 150 ms 肯定会出现跳闸,但是小于 150 ms,可能会出现跳闸也可能不会跳闸,因此综合分析,框架保护时间只有 14 ms 应该不会造成开关跳闸是可能存在的。

在测试过程中还发现 K13B1 较其他继电器更为灵敏,同时该继电器的两对辅助节点灵敏度不一致,且在测试过程中发现该继电器辅助节点过于灵敏,因此可推断 106B 接收到框架保护跳闸信号是由于 K13B1 继电器存在问题而导致,为保证设备正常动作,对 K13B1 继电器进行了更换。

3)整改措施

根据此次故障现象以及处理过程总结出当日出现的"106B 框架保护联跳动作、恢复"的现象,确认是端子柜的 K13B 框架保护联跳继电器瞬时接通而造成的,因此提醒工班人员在以后的巡检及检修工作中在打开 1 500 V 端子柜时要注意不要触碰和挤压继电器,特别是继电器的压片,以便误发信号而导致跳闸。

5.1.2 某跟随所 801F 跳闸分析故障概况

1)故障概况

变电工班值班员接电调报某跟随所 801F 跳闸,Ⅰ段一、二、三级负荷失电。随后值班员通知车间技术人员,车间技术人员和工班长先后到达某跟随所查看故障情况。

经检查现场,801F 进线开关在分位,开关有跳闸信号输出。经机电专业人员确认,下级配电箱因漏水原因导致配电箱着火。随后机电专业人员将下级负荷全部断开,供电专业值班员联系电调对 801F 进线试送电,现场人员对开关柜送电,送电成功,某跟随所Ⅰ、Ⅱ、Ⅲ级负荷恢复送电,设备运行正常。

2)故障原因分析

本次跳闸由于下级配电箱着火引起 B 相短路,故障对应抽屉没有跳闸,直接跳进线开关 801F1,是造成本次整段失电的根本原因。

801F1 进线跳闸的原因是检测到 B 相接地电流为 1 306 A,而进线开关的整定值为 1 250 A,动作时间为 0.5 s,所以进线开关跳闸。

抽屉开关 GL07-8 只有长延时、短延时和瞬时保护,按照定值要求投入长延时和短延时保护,长延时为 630 A,12 s,短延时 3 150 A,所以在出现故障时,系统的短路没有达到它的设定短延时定值,长延时定值超过 801F 整定值,因此导致开关越级跳闸。

3)存在问题及整改措施

①抽屉开关定值设计不合理,导致越级跳闸情况发生

整改措施:按照部门提供定值修改意见,选取一个变电所进行测试,测试无误后按照部门要求修订定值单。

②现场未按照定值投入短延时保护,投入的是瞬时保护,保护投入和定值单不符。

整改措施:结合部门定值修订工作,提报计划对全线抽屉开关定值进行核对修订。

5.1.3　某降压所 1 号动力变故障报告

1)故障概况

某馆降压所 35 kV 开关柜 104A 速断保护跳闸,供电车间迅速检查设备并组织抢修,查明 104A 设备本体无异常,故障原因是 1 号动力变高压侧电缆击穿导致 104A 跳闸。

当天晚上对 1 号动力变试送电成功且设备运行正常,故障处理完毕。

2)故障分析

通过检查 104A 开关柜本体设备,未发现异常。

(1)故障现场

变压器柜体图如图 5.1 所示。

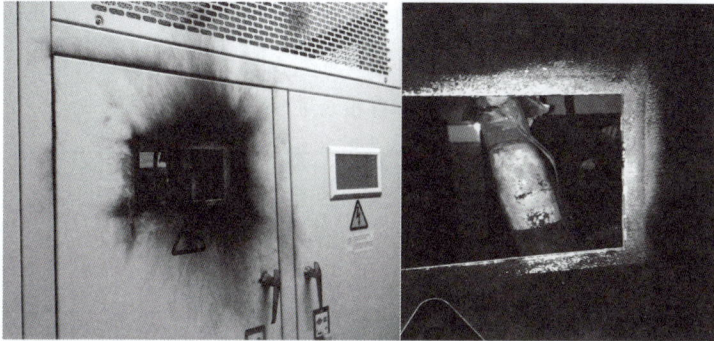

图 5.1　变压器柜体图

根据现场人员查看,1#动力变压器柜体有严重烧黑现象,有烧焦异味。

(2)报文记录

07:00:03:147　104A 零序保护动作。

07:00:03:146　104A 速断保护动作。

07:00:03:208　104A 断路器跳闸,0.4 kV Ⅰ 段失压,803 备自投装置动作,跳开 901、902 三级负荷开关。

07:00:12:Ⅰ 段进线开关 801 分闸,母联 803 合闸。

(3)查看 104A 本体报文(图 5.2)

根据 104A 本柜 7SJ632 保护的事件记录可知:A、B、C 三相速断电流分别为 4.14 kA,4.15 kA,4.07 kA,启动时间均为 134 ms。

根据 104A 保护定值(图 5.3)可知,开关柜为正常速断保护动作跳闸。

同时 801 断路器并没有报过流信号,可确认故障在变压器与高压开关柜 104A 之间与低压负荷无关,下级负荷无故障。

(4)对其他车站的影响

此故障发生时,由于 35 kV 高压电缆对地强烈放电,导致车辆段至北大街各站 Ⅰ 段电源电压短时跌落,造成车站小系统停机,部分车站大系统停机,上级主变电站 SVG 低电压保护退出运行,线路保护启动。

图 5.2　104A 保护装置下载报文

104A 104B 动力变 35 kV侧	H14 H24	100/1	电流速断	I1>> （A）	1.44	
				t1>> （s）	0.10	
			过电流	I1>> （A）	0.41	
				t1> （s）	0.30	
			零序过电流	IE1>> （A）	0.19	
				tE1>> （S）	0.10	
			轻过负荷	I1'> （A）	0.13	告警
				t1'> （s）	60.00	

图 5.3　104A 保护定值

104A 电压、电流曲线如图 5.4、图 5.5 所示。

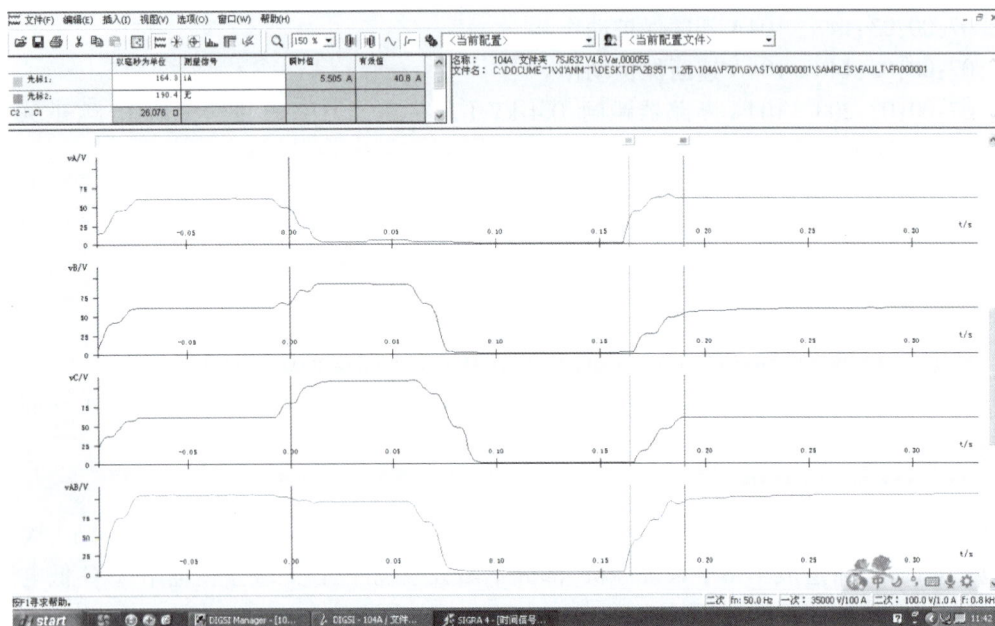

图 5.4　104A 电压曲线

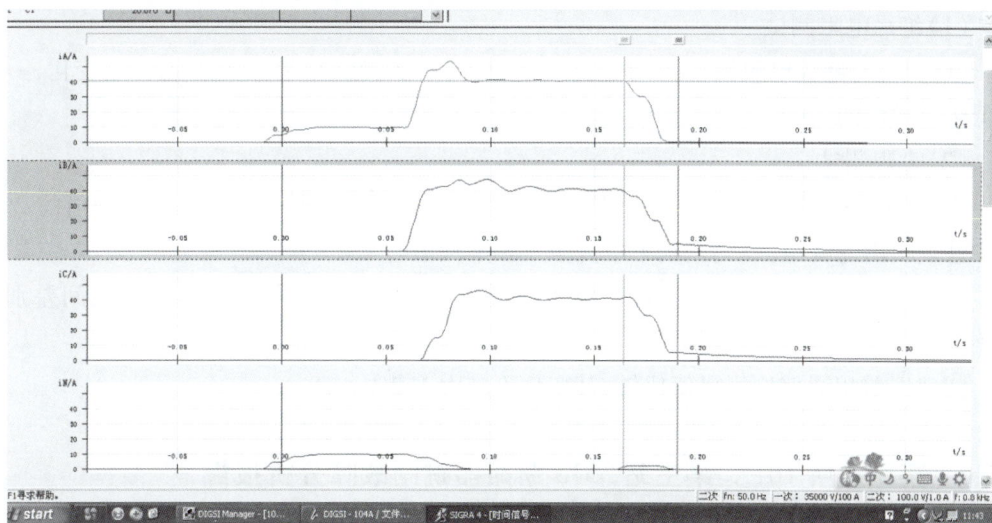

图 5.5 104A 电流曲线

5.1.4 故障确认及处理

在经过电调同意后,对 104B 做好维护接地并将 802 进线开关摇至隔离位,打开 1 号动力变高压侧门发现其 A 相电缆接头外护套有明显的击穿和烧焦痕迹,破损严重(图 5.6、图 5.7)。

图 5.6 A 相电缆接头烧焦痕迹

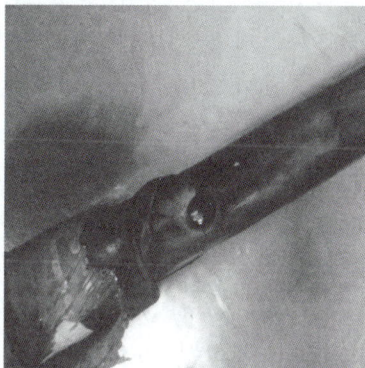

图 5.7 击穿痕迹

因为电流非常大,A 相电缆击穿产生电弧灼烧到 B、C 相电缆且 B、C 相电缆也有不同程度的烧伤。

确认此次故障为动力变 A 相电缆头绝缘击穿,A 相对地放电导致 104A 跳闸,车间组织人员重新制作三相电缆头,完成后进行试验。

5.1.5 变压器试验

对 1 号变压器进行绝缘电阻和直阻测试试验,通过排查确认变压器良好。

（1）绝缘电阻测试

试验标准：绝缘电阻换算至同一温度下，与前一次测试结果相比应无明显变化，一般不低于上次值的70%。

（2）直阻测试

①1.6 MV·A以上变压器，各相绕组电阻相互间的差别不应大于三相平均值的2%，无中性点引出的绕组，线间差别不应大于三相平均值的1%。

②1.6 MV·A及以下的变压器，相间差别一般不大于三相平均值的4%，线间差别一般不大于三相平均值的2%。

③与以前相同部位测得值比较，其变化不应大于2%。

5.1.6 某牵混所101A、某主站3515断路器跳闸故障分析报告

1）故障概况

某牵混所101A、某主站3515断路器差动保护跳闸，某牵混所103母联自投成功，103合闸。此故障造成某牵混所及相邻牵混所0.4 kV I段一、二、三级负荷及相邻牵混所接触网3T1、3T2供电分区短时失电。

2）事件经过

某牵混所101A分闸，103自投成功，103合闸，造成某牵混所及相邻牵混所0.4 kV I段一、二、三级负荷及3T1、3T2供电分区短时失电。

专业人员到达并查看所内设备，发现某牵混所35 kV 101A差动保护跳闸，103合闸。某相关主变电站3515差动保护跳闸，其余设备运行正常，根据现场人员判断为电缆故障。申请抢修后，专业人员携带工器具及电缆附件到达故障站点。

使用电缆故障定位仪分别对A、B、C三相电缆进行测试，同时各个站点人员进入轨行区进行检查。测试过程中站点附近听到有响声（后证实为其他干扰响声）

故障处理人员到达某主站检查发现某主站3515差动保护模块A、B、C相流互端子松动，其中A相最为严重，打开流互端子中间连片，测试流互二次侧和保护装置测电阻，发现流互二次侧电阻均为0.5 Ω，保护装置测A相0.4 Ω，B相0.2 Ω，C相0.1 Ω。

随即对3515差动保护模块A、B、C相流互端子进行紧固，紧固完毕进行测试，均为0.1 Ω，判断该故障由流互端子松动引起。送电完毕后，巡视设备正常，故障处理完毕。

3）故障原因分析

（1）差动保护原理

差动保护设计原理为：差动保护把被保护的电气设备看成一个节点，正常情况下，被保护设备流入的电流和流出的电流相等，差动电流等于零。当设备出现故障时，被保护设备流入和流出的电流不相等，差动电流大于零。当差动电流大于差动保护装置的整定值时，差动保护出口动作，将被保护的两侧断路器跳开，使故障设备断开电源。

（2）本次故障电流值分析

经过数据分析：某主站 3515 断路器 A 相、某牵混所 101A A 相电流差值为 50 A（流互二次变比为 200/1），故换算到二次侧为 0.25 A，远远大于保护设定值 0.2 A，故线路纵差保护启动并出口。

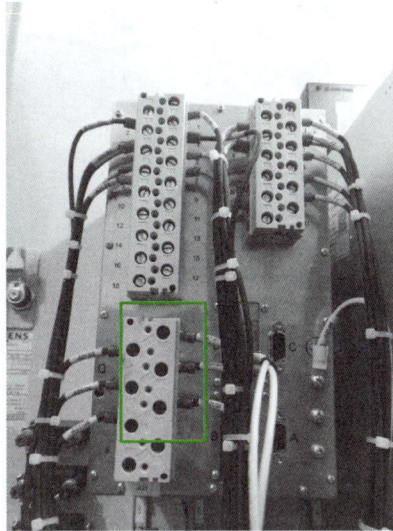

图 5.8　某主站 3515 差动保护装置本体松动端子

（3）本次故障原因

某主站 35 kV 3515 柜差动保护模块 A、B、C 相流互端子松动虚接，由于下级负荷产生一个大于保护装置比较定值电流，CT 二次相角畸变且此时某主站 35 kV 3515 柜保护装置因 A 相流互端子虚接无法采集电流值（由于虚接，采集电流时好时坏，故在此瞬间发生），导致 3515 差动保护启动并出口，造成某主站 3515、某牵混所 101A 差动保护跳闸。

5.1.7　某牵混所 211、212 开关跳闸故障处理分析报告

1）故障概况

某牵混所 211、212 开关跳闸，造成上下行接触网单边供电通过对现场事件报文及开关柜二次回路进行排查，发现跳闸是由临站联跳继电器信号输入引起，经现场人员联系，电调远方复归某牵混所 211、212 开关故障信号，后经电调对某牵混所 211、212 开关送电成功。

2）故障处理经过

运营结束后报临补计划进行排查，现场对故障进行模拟，故障再现，具体过程如下：

①相邻牵混所直流停电后，反复操作相邻牵混所 2011、2021 负极刀闸，故障现象未现，说明负极刀闸回路正常。

②经过排查接线端子，PLC 接线情况均正常，打开相邻牵混所框架电流继电器外壳准备做框架电流联跳时，螺丝刀刚触碰到电流继电器压板时，某牵混所 211、212 和牵混所 213、214 开关被联跳，故障复现，反复操作几次，故障现象仍旧存在，经检查电流继电器，发

图 5.9　损坏的电流继电器

现框架电流继电器闭合不到位,因此,判断框架电流继电器故障。

③为不影响次日正常运营,为避免更换过程中引发其他故障,扩大影响范围,因此先行断开其相邻牵混所联跳空开,切断与邻站联跳关系,并安排人员于各所进行设备保障。

3)故障原因分析

(1)框架电流继电器原理

框架电流继电器有两组接点,一组常开,另一组常闭,两组接点共用一个弹片;正常情况下,电流继电器压板不动,弹片和常闭接点紧密接触在一起,而常开接点一直处于打开状态;故障情况下,当泄漏电流达到框架电流继电器动作值时,压板上弹,常开接点闭合发跳本所信号,常闭接点打开发联跳临所信号,具体如图 5.10 所示。

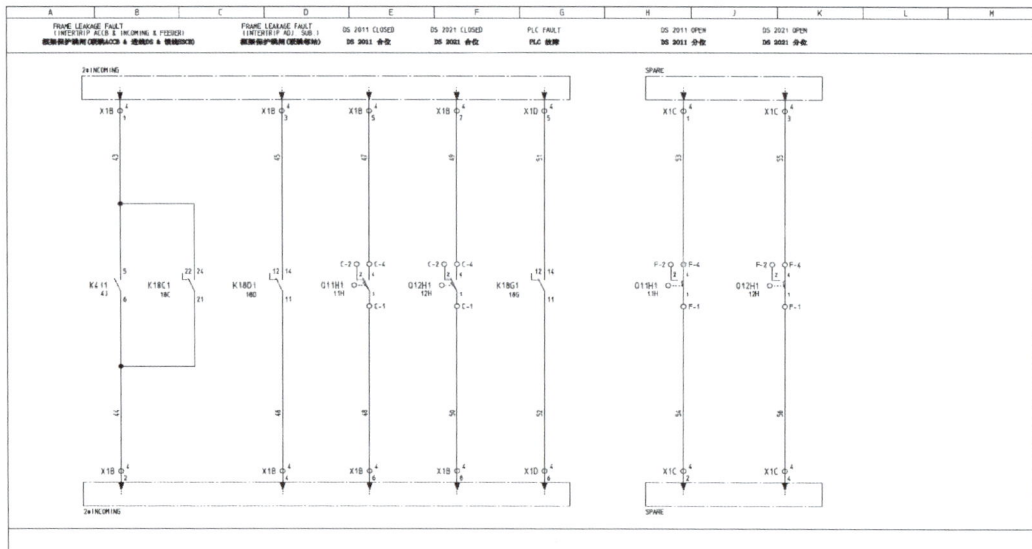

图 5.10　框架电流继电器图纸

(2)本次故障原因

造成某牵混所 211、212 开关跳闸的主要原因为相邻牵混所框架电流继电器故障引起,由于框架继电器压板松动,受外界震动后,压板微弱震动引起弹片能从常闭接点打开,但又不能闭合常开接点,故只联跳临所,未跳本所。而压板受力与框架电流继电器电流刻度值有密切的关系,刻度值越小,继电器压板受力摆动幅度越大,设计给定值为80 A,而双寨继电器刻度值小于80 A(由于电流刻度值属于机械调整,不能准确调整到80 A),也是导致压板松动的主要原因。

邻站牵混所故障未引起另一相邻牵混所213、214开关联跳原因,联跳临所是由负极柜PLC发出信号传输至中间继电器K23F1,由该继电器发信号给联跳临所四个继电器,当天晚上只跳某牵混所211、212,而不联跳另一相邻牵混所213、214,在故障处理测试均正常,校线也正常,判断中间继电器K23F1故障,故处理故障当天晚上同时也更换了中间继电器K23F1。

5.1.8 某牵混所直流馈线2111上网隔离开关故障事件的通报

2018年2月8日00:40,一号线某牵混所直流馈线2111隔离开关装置失电动作报警,远方无法正常分合闸。

1)处理经过

故障处理人员进入轨行区间对该2111隔离开关操作箱进行查看,发现2111隔离开关在就地模式下,电动及机械操作均无法进行正常分合闸,初步判断为2111隔离开关操作箱传动机构机械故障引起(图5.11)。

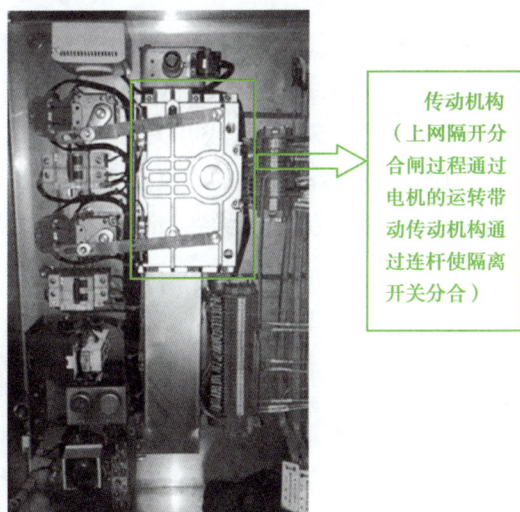

传动机构
(上网隔开分合闸过程通过电机的运转带动传动机构通过连杆使隔离开关分合)

图5.11 隔离开关内部

次日,对2111隔离开关操作箱传动总轴承进行更换,操作箱进行安装并连接二次回路,经验证各项功能均正常,设备状态恢复正常。

2)故障原因分析

上网隔离开关采用UM90机构,主要的机械传动部分由电机、主传动、输出轴、输出拐臂等组成,其中主传动主要是由铝壳、滚珠丝杠、丝母套、拨叉组成,其中滚珠丝杠及丝母套为关键零件。

当隔离开关电气回路导通后,电机开始运转,带动摩擦离合器,从而带动主传动、输出轴及输出拐臂实现隔离开关分合闸过程。经现场测试,当地电气和手动模式均无法对2111隔离开关进行分合闸操作,故对隔离开关操作箱机械部分进一步检查,发现2111隔离开关操作箱传动总成滚珠丝杆断裂(图5.12),导致传动总成无法正常动作,从而无法实现隔离开关分合闸功能。

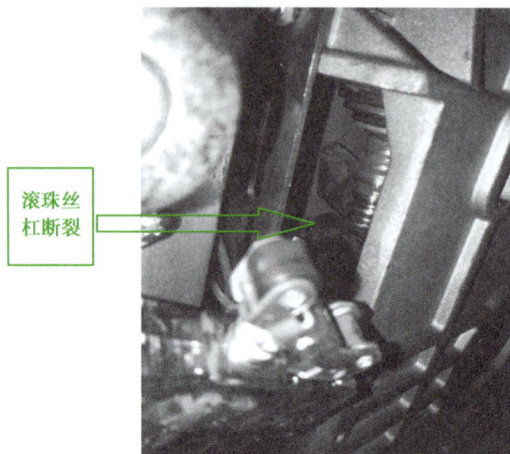

图 5.12　滚珠丝杠

3)故障结论

经对故障传动总成进行返厂拆解,发现此次故障中只有滚珠丝杠发生了断裂(图5.13),其余传动零件均传动灵活,无损坏痕迹,经过分析,确定本次故障的主要原因为:由于隔离开关在分闸、合闸过程中出现卡滞,或开关与机构调试不到位造成传动总成在反复运行过程出现憋劲受力的现象,传动总成的不良受力会施加于滚珠丝杠,而长期反复的不良受力会造成滚珠丝杠的金属疲劳,最终导致滚珠丝杠断裂及损坏。

图 5.13　滚珠丝杠断裂部分

5.1.9　某主所 35 kV 3511 开关差动跳闸故障分析报告

1)故障概况

2017 年 2 月 23 日 00:34,某主所 35 kV 开关柜 3511 差动保护跳闸,造成末端供电分区内 0.4 kV 一、二、三级负荷短时失电,停车场 1T1、1T2 供电分区接触网短时失电。专业人员连续处理,于 2 月 25 日 03:14 恢复某主所 3511、某牵混所 101A 供电。

2)处理经过

因故障影响次日正线行车,立刻申请专业抢修令进行故障抢修,使用 XF28-1960 V.4 型电缆故障定位系统,在故障主所 3511 开关处,对故障主所 3511 开关至故障供电分区首段站的对应进线 101A C 相电缆进行故障分析。

分析结果表明,此段电缆总长约为 5 168 m,故障点位于距 3511 开关 C 相电缆头 4 704 m。为进一步确认故障点,使用该电缆故障定位系统在故障电缆对侧 101A 开关处进行故障分析,分析表明故障点位于距 101A 开关 C 相电缆头 564 m。

次日,组织人员对某主所至故障供电分区首段站区间电缆进行巡视,结合耐压试验,最终在"M112 Z15 沪"定位支柱处发现故障点,确认 C 相区间电缆一处击穿(图 5.14)。确认故障点后,切断除该处故障电缆,并制作电缆中间头。

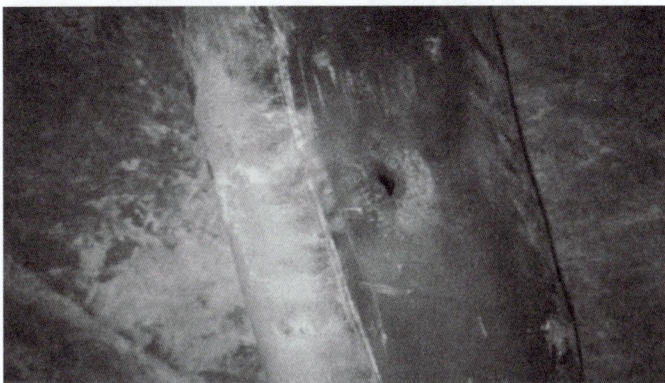

图 5.14 区间 C 相电击穿电缆

电缆中间头制作完毕后,使用 ZGF-120/2 型直流高压发生器对电缆进行耐压试验,试验数据合格。根据行业标准,新制作的电缆中间头空载 48 小时后投入使用。

2 月 25 日,03:14 故障供电分区首段站牵混所 35 kV 开关柜恢复正常供电方式,设备运行正常。

3)原因分析

(1)差动保护原理

差动保护把被保护的电气设备看成一个节点,正常时,流进被保护设备的电流和流出的电流相等,差动电流等于零。当设备出现故障时,流进被保护设备的电流和流出的电流不相等,差动电流大于零。当差动电流大于差动保护装置的整定值时,保护装置报警,保护出口动作,将被保护设备的各侧断路器跳开,使故障设备断开电源。

(2)差动保护动作原因

检查某主所 3511 开关、故障供电分区首段站牵混所 101A 进线开关柜本体及二次回路部分,未发现异常。查看故障报文,发现引起此次差动保护动作原因为某主所 3511 开关 C 相过流,故障电流 2.284 A。设计院给出整定值 1.25 A,因此,C 相电流达到整定值,保护出口动作。

利用鱼刺图因果分析法进行分析(图 5.15),鱼刺图由头部开始分析,线路故障、开关柜故障、继电器故障及其他原因都可导致差动保护动作。

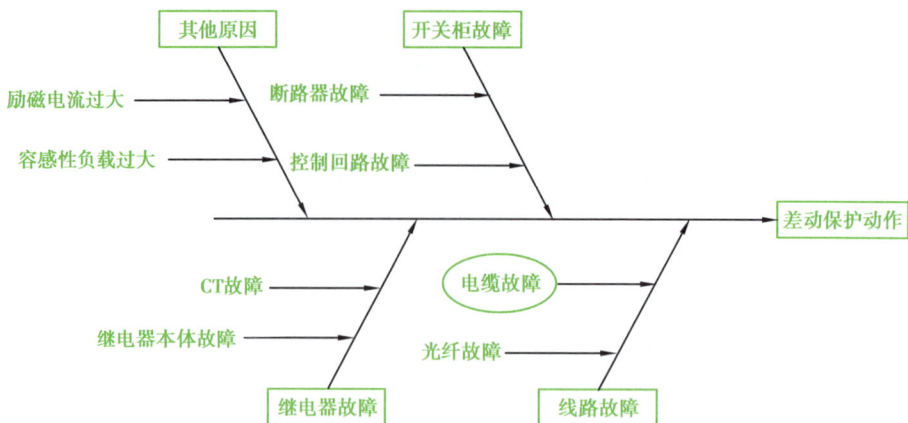

图 5.15　鱼刺分析图

（3）故障原因

通过对现场运行环境和电缆灼伤痕迹检查,初步判断某区间 C 相电缆击穿原因为外力致使电缆绝缘存在局部缺陷,长时间带电运行导致绝缘缺陷处电缆击穿。

5.2　电力监控系统典型故障案例

5.2.1　35 kV 通信中断故障分析报告

1)故障情况说明及影响范围

某降压所 103、101B、102B 工况频繁投退,35 kV 大量开关频繁通信中断;35 kV 通信全部中断。

故障造成电调工作站无法对 35 kV 供电设备进行有效监控,电力调度无法第一时间掌握 35 kV 开关信息,对运营安全造成一定影响。

2)故障现象及处理过程

①故障处理人员通过后台查看事件,发现 35 kV 所有开关通信中断,查看 35 kV 通信设备串口/以太网终端服务器,发现其 Link 指示灯及 P1~P4 指示灯均熄灭。此时,将备份的 35 kV 配置重新导入串口/以太网终端服务器并进行重启后,故障未恢复,紧固串口/以太网终端服务器和交换机两端光纤接口后,35 kV 通信全部恢复正常。

②35 kV 通信回复 12 小时,再次出现 35 kV 通信全部中断,尝试重启串口/以太网终端服务器故障未恢复;将连接在交换机上的 35 kV 尾纤更换至其他端口并紧固后,故障恢复。

③按照两起故障发生时的恢复措施,重点对 35 kV 至交换机间通信光缆及连接各端口进行检查,确认光缆及尾纤完好。

④将尾纤重新接回交换机原光口,通信正常,同时发现其中一根尾纤连接头限位卡

(SC,方头)与尾纤主体连接松脱,导致与交换机光口接触不紧密。

⑤在尾纤连接头与光口固定的情况下,分别在交换机原光口和新光口尝试将尾纤主体往外松动造成虚接,发现 35 kV 开关不规律。此时,通过 Ping 命令测试通信情况,发现通信控制器向串口/以太网终端服务器发送的数据包均存在丢包现象。

⑥更换 35 kV 通信尾纤并对接入交换机的新光口进行故障修复。

3)故障原因分析

此次 35 kV 通信中断故障原因为:35 kV 通信尾纤接头硬件故障,造成与交换机通信时光口接触不良,导致 35 kV 部分开关工况频繁退出/投入,甚至通信全部中断。

5.2.2 某牵混所 2131 隔离开关不可远控故障分析报告

1)故障情况说明

某牵混所 2131 刀闸无法远控分闸,仅能通过设备本体分闸按钮分闸。

2)故障现象及处理过程

①某牵混所 2131 隔离开关电调无法远控分闸,仅能通过设备本体分闸按钮实现分闸操作。经电力监控专业人员通过后台机执行遥控分闸测试,遥控分闸失败。

②测试远控按钮可实现上隔离开关进行分闸操作,排除设备电气回路故障,检查上网隔离开关 2131 柜内端子二次接线情况,端子接线无松动情况。通过后台机对 2131 进行遥控合闸操作,发现测控装置遥控合闸指示灯不亮,经电调同意,对测控装置进行重启操作。对测控装置进行断电重启后,故障未恢复。更换测控装置开机后,故障仍未恢复。

③使用测控装置本体遥控开出功能测试本体指令是否能正常发出,发现开出功能的对象只有 8 个对象,而现场的隔离开关为 9 个。将损坏的测控装置 CPU 进行拆卸,与正在使用的进行替换。开机后,发现版本信息显示为 V10 版本,备件的版本信息为 V9 版本(如图 5.16 所示),再次对 2131 隔离开关进行遥控合闸,合闸变位依旧失败。

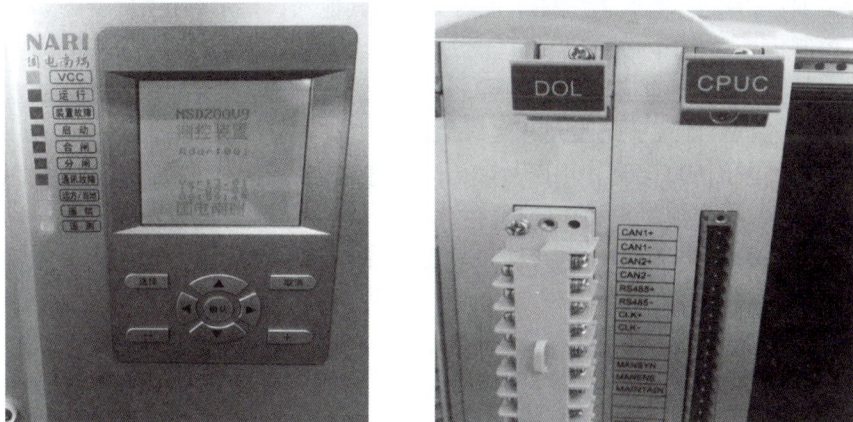

图 5.16 厂家提供的备件的版本信息及遥控板型号

④使用测控装置遥控开出功能重新测试,发现遥控输出有点位偏移现象,使用损坏测控装置的 DO 板卡对正在使用的进行替换,对 2131 开关进行遥控合闸,合闸成功,对 2131 隔离开关进行遥控,遥控成功,故障排除。

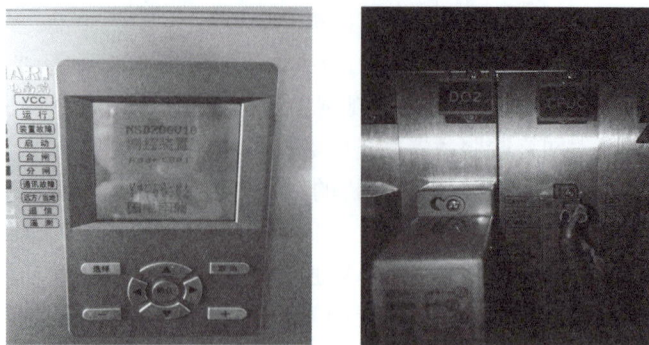

图 5.17　港务区车辆段 D200 版本信息及遥控版型号

3）故障原因分析

测控装置电源板卡损坏,导致死机。

5.2.3　某牵混所直流开关逆流保护跳闸故障分析报告

某牵混所直流进线、馈线、负极柜均报工况退出的故障信号。逆流保护动作,35 kV 开关 106A、107A 跳闸,DC 1 500 V 馈线开关 211、212、213、214 跳闸。

1）故障情况说明

某牵混所报 201PLC、202PLC、负极柜 PLC、211、212、213 、214 工况退出的故障信号。电力监控专业人员发现逆流保护动作,35kV 开关 106A、107A 跳闸,DC1500V 馈线开关 211、212、213、214 跳闸。由于工况退出,直流开关跳闸信息及开关状态未上传。

2）故障现象及处理过程

（1）1 500 V 通信故障处理

现场检查发现所有直流开关柜均工况退出,控制信号盘柜内光电交换机和直流端子柜内交换机通信指示灯熄灭,直流端子柜内交换机其他网口指示灯正常。

更换控制信号盘柜内光电交换机对应 1 500 V 通信光纤接线至备用光端接口,故障未恢复,排除了光电交换机对应光端口故障。将直流端子柜内交换机至光纤熔接盒尾纤进行更换,故障未恢复,排除了此段光纤尾纤故障。用备件替换直流端子柜内交换机,通信恢复。由以上判断 1 500 V 通信中断故障原因为直流端子柜内交换机光端口内部故障。

（2）直流开关柜逆流保护动作分析

对直流开关柜 201、202PLC 进行检查发现,二次接线无误,保护程序设置正确。采用反复重启模拟 MOXA（Nport6450）、交换机突发故障,在进行串口/以太网终端服务器测试时,发现对串口/以太网终端服务器（图 5.18）进行重启直流开关柜存在报逆流保护跳闸的现象。经过排查和反复测试,判断为串口/以太网终端服务器装置发生干扰信号对 201、202 PLC 造成干扰引起误动作。专业人员发现该牵混所内直流开关柜端子柜串口/以太网终端服务器的 201、202、负极柜 RS485 串口屏蔽层接地端木和装置连接。同时研究发现串口/以太网终端服务器不具有装置独立接地的功能。随后对 201、202、负极柜 RS485 串口接地端进行接地连接后,再次进行串口/以太网终端服务器重启测试,经多次测试未再发生逆流保护动作。

图 5.18　MOXA

3)故障原因

①某牵混所报 201PLC、202PLC、负极柜 PLC、211、212、213 、214 工况退出故障信息原因为直流端子柜内交换机光端口内部故障。

②直流开关柜内端子柜串口/以太网终端服务器不具有装置独立接地的功能,重启会造成直流开关柜逆流保护动作。